日本史のなかの愛知県

梅本博志 編

有松の町並み保存地区内に建つ竹田家住宅（〈公財〉名古屋観光コンベンションビューロー提供）市指定

山川出版社

愛知県の関連略年表

時代	年代	事項
旧石器	3万5千年前頃	愛知県域に人が住み始める（上品野遺跡）
	1万5千年前頃	細石器をつくり始める（駒場遺跡など）
縄文	1万年前頃	有舌尖頭器が使われ、隆起線文土器がつくられる（酒呑ジュリンナ遺跡など）
	6000年前頃	海面上昇がピークとなり、大垣駅付近まで海が広がる
弥生	2600年前頃	伊勢湾周辺で水田稲作が始まる（朝日遺跡など）
	2200年前頃	三河地域に水田稲作が広まる（瓜郷遺跡など）
	2世紀頃	尾張平野で大型の墳丘墓が造られる（廻間遺跡など）
古墳	4世紀頃	大型の前方後方墳が造られる（東之宮古墳など）
	6世紀頃	各地に円墳や群集墳が造られる
飛鳥	7世紀中頃	寺院が建立されはじめる（尾張元興寺など）
	672（天武天皇元）	壬申の乱で尾張国司が2万の兵を率いて大海人皇子に味方する
奈良	8世紀中頃	尾張国分寺、三河国分寺が建立される
平安	866（貞観8）	広野川（古木曽川）の治水工事をめぐり尾張・美濃で武力紛争となる（広野川事件）
	988（永延2）	尾張国司の藤原元命が郡司・百姓等に訴えられる（「尾張国郡司百姓等解文」）
	1181（治承3）	源行家が尾張・三河の兵を率いて墨俣で平氏と戦うが敗北する
鎌倉	12世紀末頃	瀬戸窯で施釉陶器（古瀬戸）が盛んになる
	1221（承久3）	墨俣川で鎌倉幕府軍が勝利する（承久の乱）
	1283（弘安6）	一遍が尾張の甚目寺で行法を修する
室町	1335（建武2）	新田義貞が矢作川で足利軍を破る

時代	年	出来事
室町	1352(文和元／正平7)	尾張・美濃・近江の3国に半済令が出される
	1400(応永7)	このころ斯波義重が尾張守護となる
	1535(天文4)	松平清康が守山で殺害される(守山崩れ)
	1560(永禄3)	桶狭間で織田信長が今川義元を破る(桶狭間の戦い)
安土・桃山	1575(天正3)	織田・徳川連合軍が武田勝頼を破る(長篠の戦い)
	1584(天正12)	羽柴秀吉と徳川家康が争う(小牧・長久手の戦い)
江戸	1605(慶長10)	矢作新川が開削され矢作川の本流となる
	1607(慶長12)	徳川義直が清須に移封され、尾張徳川家が誕生する
	1731(享保16)	尾張藩七代藩主徳川宗春が自身の政治理念をまとめた『温知政要』を著す
	1836(天保7)	三河の加茂郡一帯で打ちこわしや一揆が起こる(加茂一揆)
	1839(天保10)	蛮社の獄で田原藩家老の渡辺崋山が失脚する
明治	1868(明治元)	徳川慶勝が尾張藩内の佐幕派を斬罪に処す(青葉松事件)
	1869(明治2)	尾張西部一帯で一揆が起こる(稲葉騒動)
	1872(明治5)	額田県が愛知県と合併。県域が現在の形となる
	1889(明治22)	愛知県で市制・町村制が施行され、名古屋市が発足
	1891(明治24)	濃尾大地震により県内で大きな被害が出る
大正	1918(大正7)	名古屋で米騒動が起こる
昭和	1937(昭和12)	名古屋市立東山植物園・動物園が開園する
	1945(昭和20)	三河地震で2300人以上が亡くなる 名古屋大空襲により名古屋城が焼失する
	1959(昭和34)	伊勢湾台風で3200人以上が亡くなる
平成	2005(平成17)	中部新国際空港セントレアが開港する 21世紀初の万博として「愛・地球博」が開催される

日本史のなかの愛知県 目次

愛知県の歴史講義

コラム

もっと知りたい！
深掘り愛知県史

〈資料編〉

本書の凡例：本書に登場する明治5年以前の月日は、旧暦のものです。
文化財の種別について、左記のように略しています。

国宝 国宝　重文 重要文化財・重要無形民俗文化財　国史 国史跡
国名 国名勝　国天 国天然記念物　登録 国登録有形文化財　特史 特別史跡
県指定 県指定文化財　市指定 市指定文化財　町指定 町指定文化財

はじめに——愛知県の風土と人間

日本のなかの愛知

愛知県は、本州のほぼ中央に位置し、西は三重、北は岐阜・長野、東は静岡の各県と接する。面積は約五一七〇平方キロで、全国では二七番目となるが、大都市圏を擁する県としては、森林や農地が比較的多く、ゆとりある土地利用といえる。また人口は、二〇二四年(令和六)現在、七四七万八〇〇〇人で、東京都、神奈川県、大阪府に次ぐ全国第四位となっている。

産業の主体となる製造品の出荷額は、二〇二一年度で約四四兆円と、二位の大阪府(約一七兆円)を大きく引き離し、一九七七年(昭和五十二)以降、全国第一位であり、とくに自動車などの輸送用機械は国内生産の三分の一を占める。また、農業産出額も、約三〇〇〇億円と全国第八位であり、花卉《かき》栽培は、一九六二年以来、連続して全国第一位を続けている。

尾張と三河

県域は、古代の律令期より西部が「尾張国《おわり》」、中・東部が「三河国《みかわ》」とされるが、この地域区分は、今日でもごく普通に用いられており、その気質を対比されることもある。

尾張地域は、国内有数の河川である木曽川《きそがわ》に沿う西部、尾張山地、尾張丘陵と庄内川《しょうないがわ》流域からなる東部、および知多《ちた》半島で構成される。西部の平野は、肥《ひ》沃《よく》な農地ではあったが、絶えず洪水の危機に見舞われ、輪中《わじゅう》(堤防で囲まれた集落や耕地)も形成された。東部の名古屋台地には、縄文時代以降、絶え間なく集落が営まれたが、その東側の入り江は、『万葉集《まんようしゅう》』に「年魚市《あゆち》潟」とうたわれ、県名の由来ともなっている。また、尾張山地、尾張丘陵から知多半島にかけては、陶土と森林資源に恵まれたことから、古代より窯業が盛んであった。

　三河地域は、矢作川《やはぎがわ》流域の西三河と豊川流域の東三河に大別される。西三河には、豊田市、岡崎市、安城市など徳川氏の由緒の地も多く、近世にはこの地域から出た譜代大名が各地に配され、また幕政の中枢を担った。一方、東三河は、古くは「穂《ほ》の国」と称され、矢作川流域とは一線を画していた。静岡県境付近には、九州

愛知県の旧国郡図(明治初年頃)

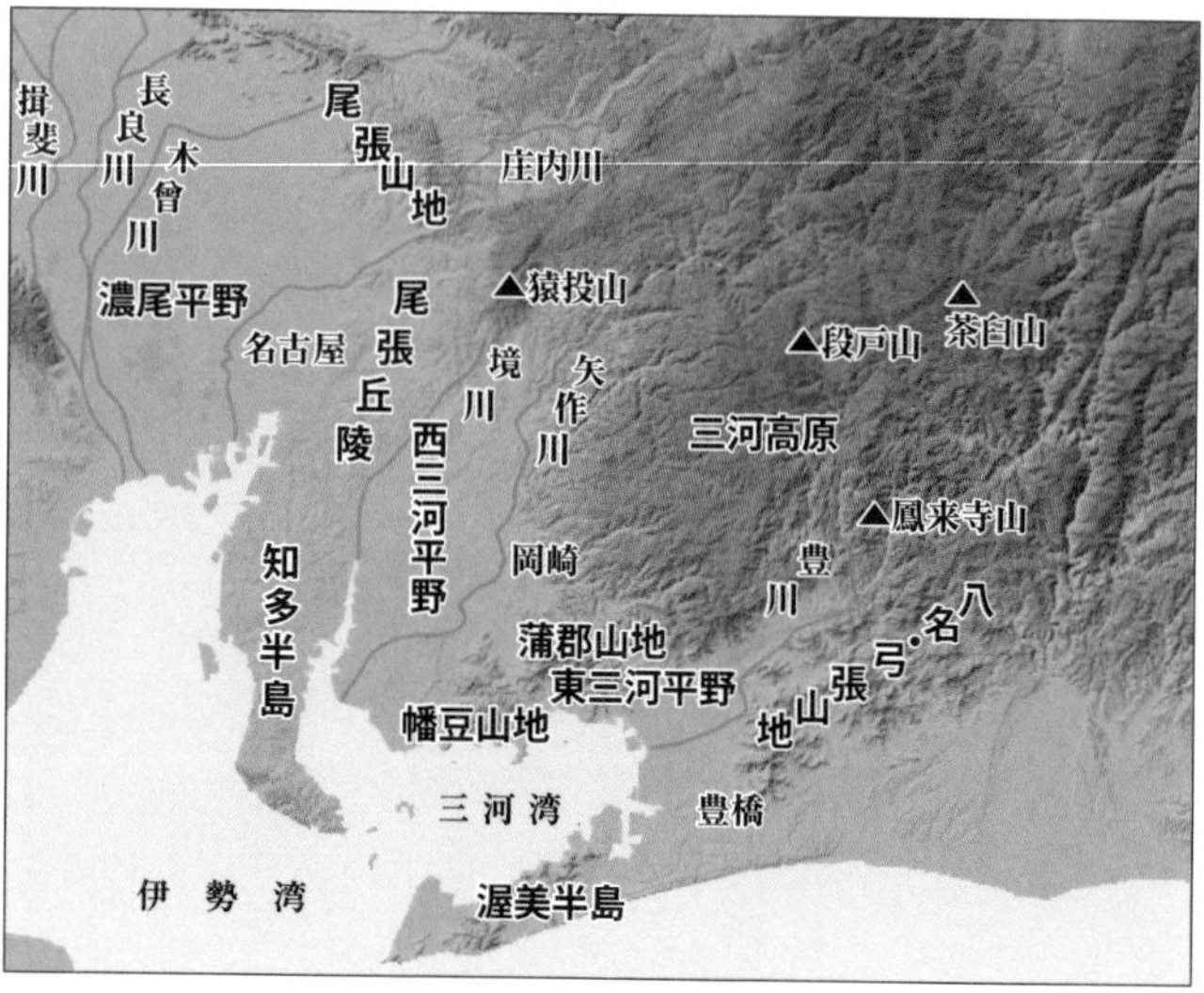

愛知県の自然地形(国土地理院地図をベースに作成)

から四国を経て関東に至る巨大な断層である中央構造線が位置し、阿寺《あてら》の七滝《ななたき》や鳳来寺山《ほうらいじさん》(ともに新城市)など国の名勝、天然記念物に指定された景勝地も多い。

尾張と三河は、衣浦《きぬうら》湾に注ぐ境川が画しているが、この川は、河口部では、尾張の知多半島と三河を分かつ川として存在感を示しているものの、上流部では細流となる。このため、内陸部では、尾張の名古屋と三河の豊田という大都市の中間地帯という共通性から、尾三《びさん》消防本部(尾張の日進市、長久手市、豊明市、東郷町と三河のみよし市)のような地域の枠組みを超えた連携も行われている。

東西の境界域としての愛知

日本列島では、旧石器時代から人々の生活の痕跡が認められるが、二万年前には、すでにナイフ形石器の製作技法に、東北部と西南部で差異があったとされる。県域は東日本の西端として位置づけられるものの、しだいに西日本的要素が強まったとされており、この頃には境界域としての様相を示していたことが知られる。縄文時代も引き続き西日本的要素が強いとされているが、今朝平《けさだいら》遺跡(豊田市)や八王子《はちおうじ》貝塚(西尾市)のように東日本で盛行した土偶《どぐう》が多数出土した遺跡もある。

弥生時代の前期には、尾張の平野部で水田耕作が始まり遠賀川《おんががわ》系土器が用いられる一方、三河では、その影響を受けた縄文系の条痕文《じょうこんもん》土器が主体となった。中期には、朝日《あさひ》遺跡(清須市・名古屋市西区)に、国内最大級とされる一辺が三〇メートルを超える方形周溝墓が造営され、後期には、尾張を中心に、赤彩を施す土器が作られるが、優美な姿は「パレス・スタイル」とも称され、愛知の「ものづくり」の萌芽をみることができる(51ページ参照)。また、この時期から古墳時代の初頭にかけては、伊勢湾周辺の土器が畿内などに搬入され、小国家間の交流を反映している可能性が指摘される一方、三河では、近畿式銅鐸《どうたく》とは特徴を異にし、遠江《とおとうみ》地域と共通する意匠を有する三遠《さんえん》式銅鐸の存在も知られている。

古墳時代に入ると、首長墓として畿内では前方後円墳が、この地方では前方後方墳が築かれるが、東之宮《ひがしのみや》古墳(犬山市)からは三角縁神獣鏡《さんかくぶちしんじゅうきょう》が出土し、畿内政権とのつながりも示している。中期末頃には、県内最大の前方後円墳である断夫山《だんぷさん》古墳(名古屋市熱田区)が造営されるが、埋葬者は継体《けいたい》天皇の妃《きさき》を出した有力豪族である尾張氏に関係する人物と考えられている。尾張氏は、古代最大の内乱とされる壬申《じんしん》の乱(六七二年)に際して、大海人《おおあま》皇子(天武《てんむ》天皇)に従いその勝利に貢献するが、天武天皇即位後に進められた律令体制の下で、隣接する美濃《みの》国(岐阜県)に東山道《とうさんどう》の不破関《ふわのせき》、伊勢《いせ》国(三重県)に東海道の鈴鹿《すずか》関が設けられたことから、この

愛知県内で製造されているH2Aロケット(三菱重工業飛鳥村工場。三菱重工業株式会社提供)

地方は、美濃国、伊勢国とともに、東国の西端としての性格が与えられることになった。

鎌倉時代に入ると、尾張、三河は、武家が支配する関東と朝廷の影響の強い西国との境界域となるが、一二二一年(承久《じょうきゅう》三)の承久の乱後には、足利義《あしかがよし》氏《うじ》が三河国の守護《しゅご》職となったことから、その一族の拠点が形成される。戦国時代には、この地方の生産力を背景に、織田信長が台頭し、秀吉、家康ら「天下人」を輩出することとなるが、県内には、その過程で築かれた多くの城館だけでなく、桶狭間《おけはざま》(豊明市)、設楽原《したらがはら》(新城市)、長久手《ながくて》(長久手市)など、彼らの帰趨を大きく左右した古戦場も残されている。また、幕府を開いた家康により、西国への防衛を担う尾張徳川家の居城として整備された名古屋城とその城下町は、近世社会の成熟のなかで、三都と称された江戸・大坂・京都に次ぐにぎわいを見せ、一方、伊勢湾、三河湾の遠浅の海岸には新田が開拓され、各地に窯業、繊維、醸造などの地場産業が営まれる。

近代になると、新田は臨海工業用地となり、地場産業により培われた技術と人的資源をもとに、関東、関西圏の間の産業集積地として「中京圏」が形成される。また、零式艦上戦闘機などの航空機生産をはじめとする軍需産業が発達したことから、第二次世界大戦では、空襲により大きな被害が生じたが、「用地・技術・人」の資源が失われることはなく、先端産業の「ものづくり」の拠点としての地位を築くにいたっている。

ユネスコ無形文化遺産にも登録されている亀崎潮干祭の山車行事（半田市。半田市提供）重文

県民の地元志向を支えるもの

愛知県は古くから、地理的にも文化的にも、東西の境界域ではあったが、決して辺境の地ではなく、その結節点として、県内総生産額は単独でも、ポルトガル、ニュージーランドの国内総生産（GDP）と比肩するほどの規模を有している。また、この豊かさに支えられ、高校生の県内大学への進学率は東京都を上回り、全国で唯一、七割を超えており、（文部科学省「学校基本調査」二〇二三年度）、その卒業生の受け皿となる企業も多いことから、県民の地元志向は極めて強いとされている。

しかしながら、経済的側面のみが地元志向を支えているわけではなく、地域に育まれてきた有形、無形の多様な文化財の存在が地元への求心力となっていることも見逃すことができない。地域社会の安泰と繁栄を願い、山車《だし》が町内を巡行する祭礼行事は「山・鉾・屋台行事」として、全国で一八府県の三三件がユネスコ無形文化遺産に登録されているが、愛知県内は五件が該当し、最多となっている。登録された行事をはじめ、県内には、一六〇もの祭礼行事と、四百二十両ほどの山車が所在しており、観光的な集客力という点では、他府県に譲るものの、自動車、航空機の製造やロケットの開発に携わる人々が、地元の祭礼の日には、江戸時代から伝わる山車を曳くというのも現代の愛知の姿であり、魅力にもなっている。

（梅本）

本ページ、P18 ～ 25 の地図は、数値地図（国土基本情報 20 万）（国土地理院）を加工して作成した。

愛知県エリア別
史跡・文化財マップ

全国的に有名な場所から地元の身近な場所まで、
本書に登場する史跡・文化財・博物館などを
エリア別（名古屋、知多、尾張、西三河、
東三河）に掲載。
地域ごとの特色から愛知県の歴史をたどる。

名古屋エリア

愛知県庁舎 P129
名古屋市役所本庁舎
新川洗堰 P179
名古屋城
P34・134
名古屋鉄道瀬戸線
堀川駅跡 P99
トヨタ産業技術
記念館 P140
大須文庫
（大須観音）P88
きねこさ祭り
（七所社）P162
志段味古墳群 P66
文化のみち二葉館 P146
蓬左文庫 P88・125
徳川美術館
日清戦役第一軍戦死者
記念碑（日泰寺）P134
名古屋市東山動植物園
P157・159
東山 101 号窯 P87
東山古窯址群 P67
鶴舞公園 P146・159
名古屋市博物館 P113
笠寺観音（笠覆寺）P106
笠寺高射砲陣地跡 P158
有松地区 P122
有松・鳴海絞会館 P122
千鳥塚（千句塚公園）P111
大高城跡 P99
高蔵遺跡 P52
断夫山古墳 P57
熱田神宮 P28
宮の渡し公園 P105
くつ塚 P179
東海道本線
尾張一宮
一宮
奥田
清洲
小牧
名鉄小牧線
小牧東
春日井
神領
高蔵寺
中央本線
守山
守山区
名鉄瀬戸線
勝川
味鋺
新守山
北区
西区
清水
名古屋
大曽根
東区
名東区
上社
上社南
長久手
中村区
中区
千種
千種区
鶴舞
金山
関西本線
近鉄名古屋線
八田
尾頭橋
昭和区
天白区
熱田
堀田
瑞穂区
熱田区
中川区
呼続
桜
笠寺
本笠寺
道徳
大江
港区
庄内川
名古屋第二環状自動車道
南区
本星崎
鳴海
緑区
有松
大高
東海
大府
大府西
名古屋南
あおなみ線
金城ふ頭
名港中央
名港潮見
伊勢湾岸自動車道
飛島
太田川
豊明
知立
牛田
刈谷
境川
名鉄名古屋本線
東海道新幹線
三河安城
蟹江
0
5km

知多エリア

伊勢湾岸自動車道
名港潮見
湾岸弥富
飛島
名港中央
金城ふ頭
名和
東海
大府
南大高
名古屋南
前後
豊明
豊明
聚楽園
大府西
東海道本線
共和
大府市
東海市
23
東海道新幹線
松崎遺跡 P77
太田川
知多半島道路
大府
155
155
大府東海
寺本
尾張森岡
朝倉
逢妻
境川
刈谷
南加木屋
緒川
名鉄三河線
岡田地区 P123
長浦
知多市
東浦知多
武豊線
石浜
名鉄常滑線
佐布里池
巽ヶ丘
東浦町
419
東浦
籠池古窯 P87
阿久比
新美南吉記念館
P180
大野町
坂部
阿久比町
西ノ口
渡辺家
(新美南吉生家)
P180
旧瀧田家住宅
P123
半田口
亀崎
半田中央
常滑
知多横断道路
住吉町
半田市
誓いの御柱
(乙川白山公園)
P127・135
りんくう
常滑
半田
成岩
常滑市
半田
名鉄河和線
東成岩
セントレア東
中部国際空港
中部国際空港
(セントレア)
247
武豊
半田赤レンガ建物
P141・147
知多武豊
武豊町
武豊
富貴
小栗家住宅 P123
とこなめ陶の森
P82
上野間
MIZKAN MUSEUM
P123
美浜緑苑
名鉄知多新線
美浜
河和口
知多奥田
美浜町
旧中埜家住宅 P123
矢作古川
大御堂寺 P86
野間
河和
南知多道路
旧国鉄武豊港駅転車台
P142・147
南知多
内海
古布
佐久島
豊丘
鳶ヶ崎
南知多町
長谷崎
大島
日間賀島
羽豆神社
羽豆岬
篠島
N
0
5km

尾張エリア

東之宮古墳 P66
明治村 P135・143・147・148
犬山城 P98
如庵（有楽苑）
入鹿池 P179
大山廃寺跡 P77
尾張冨士の石上げ祭り
（尾張冨士大宮浅間神社）P169
小牧山城 P32
尾張戸神社
定光寺駅
窯神神社 P123
瀬戸窯跡
（小長曽陶器窯跡）
P86
名古屋飛行場
南山 8・9 号窯 P87
愛知県陶磁美術館 P79
陶彦社（深川神社）P87
陶製梵鐘
（法雲寺）P156・159
長久手古戦場
瀬戸蔵ミュージアム
P115・147
桶狭間古戦場伝説地
坂祝
各務ヶ原
鵜沼
名鉄各務原線
名鉄広見線
犬山
扶桑町
犬山市
大口町
名鉄小牧線
楽田
味岡
小牧原
小牧
小牧市
小牧東
多治見
土岐市
東海環状自動車道
土岐南多治見
春日井市
春日井
牛山
豊山町
中央本線
神領
高蔵寺
守山
勝川
春日井
東海交通事業城北線
味鋺
上飯田
新守山
清水
大曽根
尾張旭市
新瀬戸
名鉄瀬戸線
水野
瀬戸口
尾張瀬戸
山口
瀬戸市
せと品野
せと赤津
三国山
猿投山
藤が丘
長久手市
愛知高速交通
八草
陶磁資料館南
名古屋
杁ヶ池公園
長久手古戦場
長久手
日進市
名鉄豊田線
豊田藤岡
中山
西広瀬
力石
猿投
浄水
金山
鶴舞
熱田
笠寺
本笠寺
本星崎
大江
鳴海
赤池
日進
東郷町
東名三好
東名高速道路
新豊田
豊田市
豊田松平
豊田
上挙母
三河豊田
中京競馬場前
有松
豊明市
名和
大高
南大高
前後
豊明
土橋
末野原
伊勢湾岸自動車道
豊田東
東海
大府
大府西
名古屋南
東海道本線
東海道新幹線
太田川
大府東海
豊田南
知立
名鉄三河線
三河八橋
三河上郷
牛田
10km
19
153
1

木曽川堤（サクラ） P179
石刀祭（石刀神社） P169
Re-TAiL（リテイル）ビル
P140・147
一宮市尾西歴史民俗資料館 P147
妙興寺
P30
下田南遺跡 P71
儺追祭（尾張大國霊神社 国府宮）
P168
祖父江の虫送り
（祖父江地区） P169
一色青海遺跡 P52
尾張国分寺跡 P76
立田輪中 P172
船頭平閘門 P178
清洲古城跡公園 P91
大地震紀念碑 P179
清須城 P91
あいち朝日遺跡ミュージアム P26
貝殻山貝塚 P26
朝日遺跡 P26
岐阜県
三重県
東海道本線
高山本線
東海北陸自動車道
名神高速道路
東海道新幹線
東名阪自動車道
伊勢湾岸自動車道
名古屋第二環状自動車道
関西本線
近鉄名古屋線
名鉄津島線
名鉄尾西線
名鉄名古屋本線
名鉄竹鼻線
名鉄犬山線
養老鉄道
養老線
樽見鉄道
三岐鉄道三岐線
あおなみ線
木曽川
長良川
揖斐川
日光川
庄内川
筏川
天白川
広神戸
美濃赤坂
荒尾
大垣
大垣西
美濃青柳
西岐阜
岐阜
穂積
長森
那加
蘇原
岐阜各務原
笠松
木曽川
一宮木曽川
玉ノ井
石刀
尾西
一宮市
尾張一宮
一宮西
妙興寺
萩原
島氏永
一宮
国府宮
稲沢
山崎
稲沢市
上丸渕
丸渕
渕高
清洲
清洲東
清須市
尾張星の宮
枇杷島
あま市
町方
藤浪
津島
津島市
愛西市
大治町
日比野
佐屋
弥富
蟹江
蟹江町
春田
伏屋
戸田
名古屋
黄金
稲永
長島
弥富市
飛島村
飛島
弥富木曽岬
湾岸弥富
名港中央
金城ふ頭
名港潮見
江南市
江南
布袋
岩倉
岩倉市
大山寺
北名古屋市
西春
岐阜羽島
石津
美濃松山
多度
下野代
楚原
桑名
富田
大矢知
四日市東
みえ川越
養老
155
23

西三河エリア
岐阜県
高根山
高戸山
奥矢作湖
363
419
153
東海環状自動車道
せと品野
せと赤津
豊田市本多記念民芸の森 P77
矢作川
黒田貯水池
鷹ノ巣山
豊田市
豊田藤岡
中山
猿投
猿投東
西広瀬
枝下
力石
猿投
足助中馬館 P110
足助地区 P110
豊田勘八
平戸橋
新豊田
梅坪
鞍ヶ池
豊田市
挙母城（七州城） P174
挙母城（桜城） P174
上挙母
豊田松平
三河豊田
473
420
松平氏館跡
三河湖
豊田東
豊田大塚古墳 P62
末野原
257
北野桝塚
カクキュー本社屋・大蔵 P122
大門
岡崎市
301
岡崎城 P103
三郡輪中治水碑 P179
御岳山
東岡崎
岡崎公園前
岡崎
本長篠
長篠城
大海
新城
男川
美合
岡崎
東名高速道路
藤川
岡崎東
本宮山
鳥居
新東名高速道路
新城
三河東郷
名鉄名古屋本線
相見
本宿
幸田町
飯田線
野田城
矢作川河床遺跡 P77
東上
幸田
長山
島原藩主深溝松平家墓所（本光寺） P110
三河一宮
三ヶ根
豊川
豊川
三河塩津
蒲郡
三河三谷
三河大塚
東海道本線
東海道新幹線
三ヶ日
三ヶ日
天竜浜名湖鉄道
都筑
尾奈
名鉄蒲郡線
下地駅
豊川
豊橋
知波田
御前崎
1
二川
浜名湖
愛知大学前
新所原
静岡県
高師
姫島

黒笹 90 号窯跡 P77
知立の松並木 P111
刈谷城跡 P99
依佐美送信所記念館 P159
安城市歴史博物館 P53
高浜市やきものの里かわら美術館 P123
二子古墳 P59・67
亀塚遺跡 P53
西尾城跡 P99
正法寺古墳 P67
鳥羽の火祭り（神明社） P168
一宮
岩倉
大山寺
西春
稲沢
清洲
名鉄犬山線
小牧
名鉄小牧線
春日井
高蔵寺
定光寺
中央本線
尾張瀬戸
守山
新瀬戸
長久手
木曽川
名鉄尾西線
東海道新幹線
名鉄津島線
大曽根
千種
上社
上社南
名古屋
東名阪自動車道
日比野
155
佐屋
弥富
蟹江
金山
八田
あおなみ線
伏屋
庄内川
近鉄名古屋線
長島
弥富
長島
三重県
桑名
23
笠寺
本笠寺
名鉄豊田線
日進
鳴海
有松
大高
東海
伊勢湾岸自動車道
名古屋南
豊明
豊明
揖斐川
木曽川
弥富木曽岬
湾岸弥富
飛島
名港中央
金城ふ頭
名港潮見
大府
大府西
大府
尾張森岡
湾岸長島
湾岸桑名
みえ川越
緒川
石浜
八草
黒笹
東名三好
みよし市
豊田
名鉄三河線
豊田南
若林
一ツ木
知立
牛田
逢妻
知立市
牛田
新安城
刈谷
刈谷市
野田新町
三河安城
安城
宇頭
南安城
安城市
西岡崎
高浜市
高浜港
堀内公園
桜井
名鉄三河線
米津
桜町前
西尾口
西尾
碧南
碧南市
岩瀬文庫
中部国際空港
247
武豊
武豊
富貴
境川
矢作川
福地
名鉄西尾線
上横須賀
西尾市
金蓮寺
吉良吉田
西幡豆
三河鳥羽
河和
南知多
内海
豊丘
247
佐久島
N
0
10km

東三河エリア
古戸の白山祭(古戸白山神社) P169
参候祭(津島神社) P169
四谷の千枚田 P178
鏡岩下遺跡 P87
鳳来寺田楽(鳳来寺) P161
長篠城跡 P98
豊根村
設楽町
東栄町
新城市
静岡県
丸山
碁盤石山
日本ヶ塚山
みどり湖
佐久間湖
鳳来湖
竜頭山
秋葉山
光明山
御岳山
飯田線
中井侍
小和田
大嵐
水窪
向市場
城西
相月
佐久間
中部天竜
下川合
早瀬
浦川
上市場
出馬
東栄
池場
三河川合
柿平
三河槙原
湯谷温泉
三河大野
本長篠
大海
新城
茶臼山
新城
東新町
三河東郷
鳥居
長篠城
野田城
三遠南信自動車道
浜松いなさ北
いなさ湖
浜松いなさ
新東名高速道路
浜松
三ヶ日JCT
三ヶ日
三ヶ日
気賀
三方原
三方原
東名高速道路
館山寺
浜松西
浜松
浜名湖
二俣本町
二俣川
遠州鉄道
浜松浜北
天竜川
新磐田
遠州豊田
磐田
遠州森町
森掛川
天竜浜名湖鉄道
袋井
袋井
愛野
鷲津
新所原
弁天島
舞阪
新居町
高塚
浜松
豊田町
磐田
東海道新幹線
東海道本線
太田川
天竜川
0
10km
N

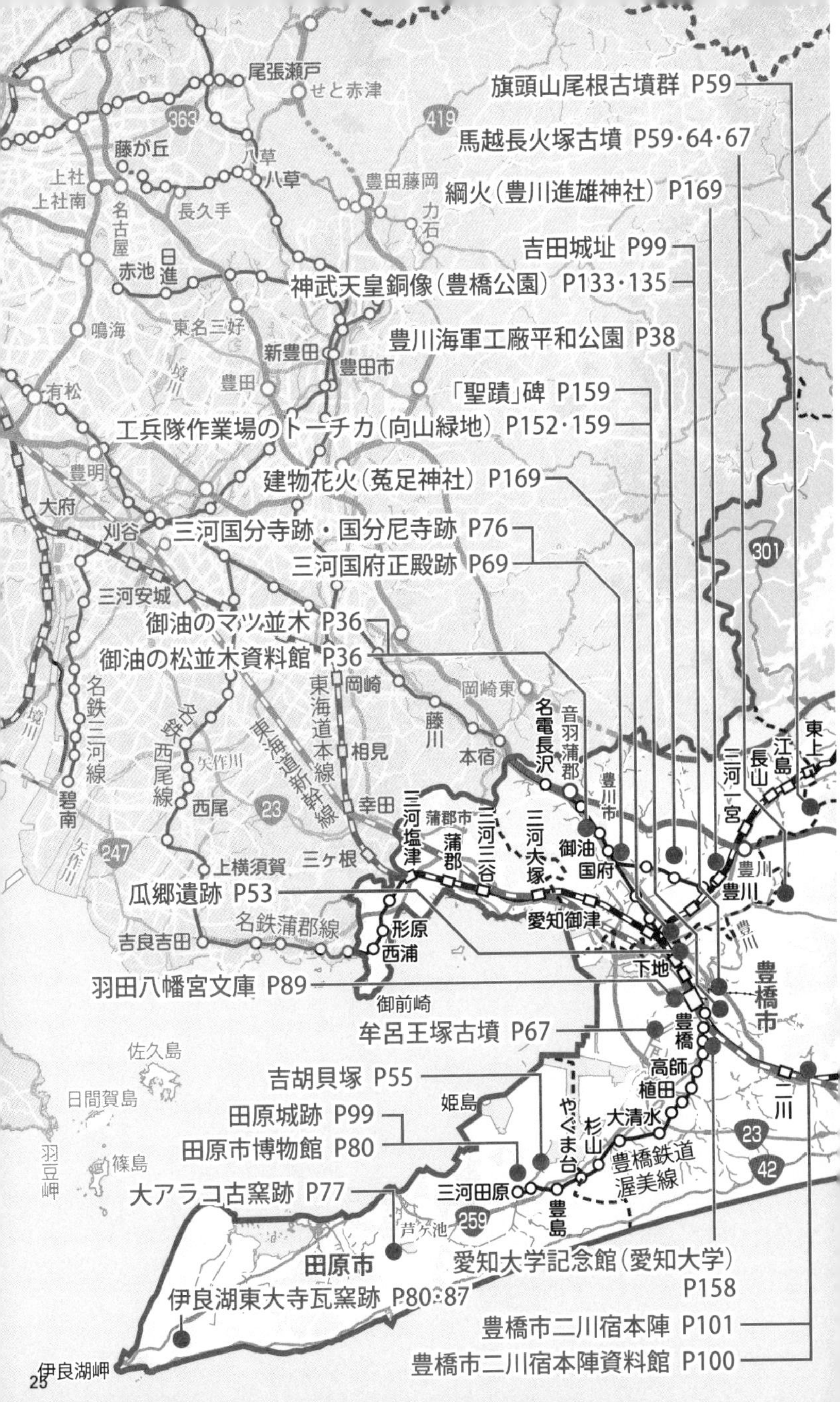
旗頭山尾根古墳群 P59
馬越長火塚古墳 P59・64・67
綱火（豊川進雄神社）P169
吉田城址 P99
神武天皇銅像（豊橋公園）P133・135
豊川海軍工廠平和公園 P38
「聖蹟」碑 P159
工兵隊作業場のトーチカ（向山緑地）P152・159
建物花火（菟足神社）P169
三河国分寺跡・国分尼寺跡 P76
三河国府正殿跡 P69
御油のマツ並木 P36
御油の松並木資料館 P36
瓜郷遺跡 P53
羽田八幡宮文庫 P89
牟呂王塚古墳 P67
吉胡貝塚 P55
田原城跡 P99
田原市博物館 P80
大アラコ古窯跡 P77
伊良湖東大寺瓦窯跡 P80・87
愛知大学記念館（愛知大学）
P158
豊橋市二川宿本陣 P101
豊橋市二川宿本陣資料館 P100
尾張瀬戸
せと赤津
藤が丘
八草
上社
上社南
長久手
豊田藤岡
名古屋
日進
赤池
力石
鳴海
東名三好
新豊田
豊田市
豊田
境川
有松
豊明
大府
刈谷
三河安城
岡崎
岡崎東
東海道本線
東海道新幹線
相見
藤川
本宿
名鉄三河線
名鉄西尾線
矢作川
西尾
幸田
碧南
上横須賀
三ヶ根
三河塩津
蒲郡市
蒲郡
三河三谷
三河大塚
名電長沢
音羽蒲郡
豊川市
御油
国府
愛知御津
三河一宮
長山
江島
東上
豊川
下地
豊橋市
豊橋
高師
植田
大清水
杉山
やぐま台
豊橋鉄道渥美線
三河田原
豊島
二川
名鉄蒲郡線
吉良吉田
形原
西浦
御前崎
姫島
佐久島
日間賀島
篠島
羽豆岬
芦ケ池
田原市
伊良湖岬
363
419
301
247
23
42
259

東海地方の中核地として、生産と交易の拠点であった朝日遺跡

弥生時代を通じて営まれた東海地方最大の集落遺跡。昭和初期から注目され、一九七一年（昭和四十六）に貝殻山貝塚の周辺（清須市）が国史跡となった。その後、大規模開発に先立つ発掘調査で、弥生時代研究に大きな影響を与える発見が相次いだ。

二〇一二年にはおもな出土品二〇二八点が国重文に指定され、あいち朝日遺跡ミュージアム（二〇二〇年開館）で展示されている。国史　（小坂）

円窓付土器

壺形土器の胴部に大きく楕円形の穴が穿《うが》たれている。多くが朝日遺跡において出土している。用途が解明されていない不思議な土器。重文

＊逆茂木以外の画像はすべて、あいち朝日遺跡ミュージアム提供

朝日遺跡ロケーションジオラマ

環濠集落のなかでもより強固な防御施設が発見されており、環濠と土塁の外側には枝がついたままの木による柵列(逆茂木《さかもぎ》)、斜めに打ち込んだ杭列(乱杭《らんくい》)など、何重ものバリケードが張り巡らされていた。

逆茂木検出状況

北居住区の南縁から出土したもの。外敵の侵入を防ぐための逆茂木は争乱の時代を想起させる(〈公財〉愛知県教育・スポーツ振興財団愛知県埋蔵文化財センター提供)。

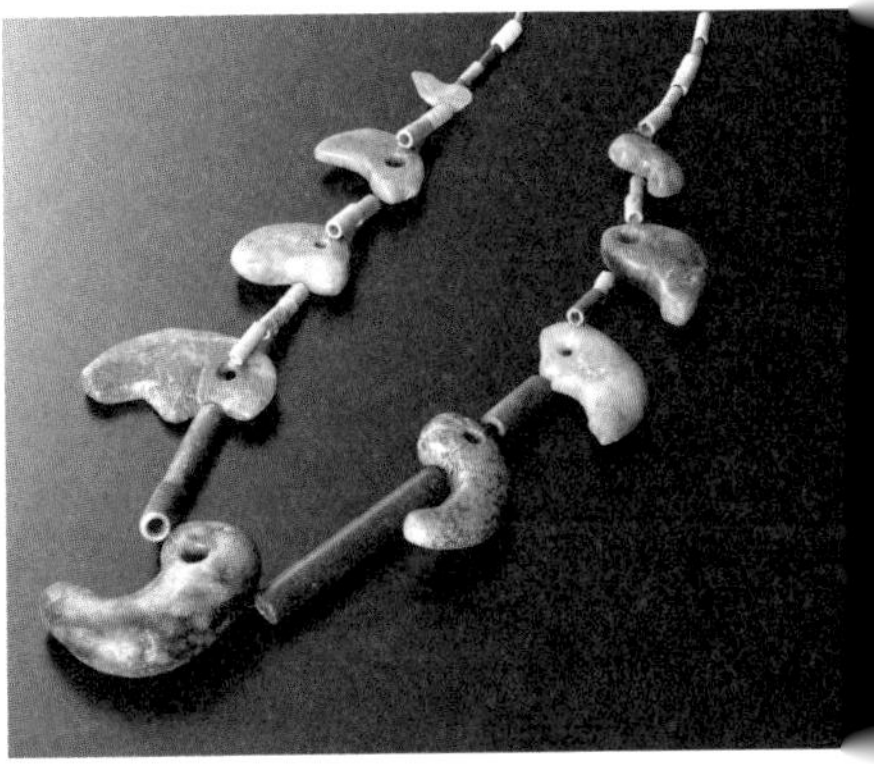

勾玉・管玉

専業性の高い玉造《たまつくり》工房の存在は、金属器や木器、骨角器などの多彩な出土品を作り出した生産拠点としての一面を裏づけている。**重文**

三種の神器「草《くさ》薙《なぎの》神《み》剣《つるぎ》」を祀る　神話の杜熱田神宮

日本《やまと》武《たける》尊《のみこと》の神剣をその没後に妃である宮《みや》簀《ず》媛《ひめ》命《のみこと》が熱田(現名古屋市熱田区)に祀ったことが創祀と伝わる。『延《えん》喜《ぎ》式《しき》』における尾張《おわり》国三宮の式内社で、平安時代後期まで大宮司を尾張国造《くにのみやつこ》の子孫である尾張氏が務めていた。中世以降は伊勢神宮に次ぐとされるほどの全国的な崇拝を集め、また剣を祀ることから、源頼朝、織田信長など多くの武将から信仰をえた。

(小坂)

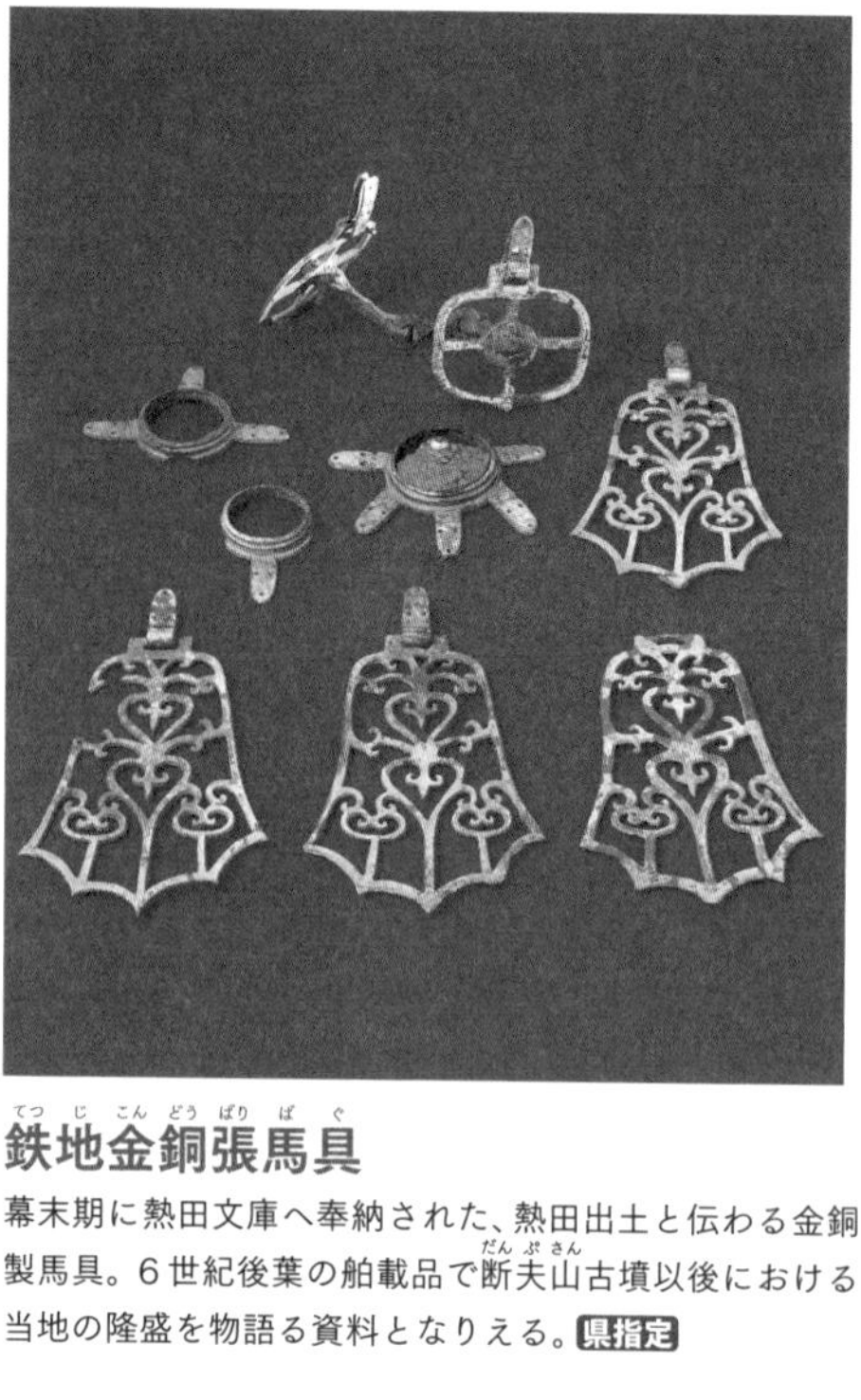

鉄《てつ》地《じ》金《こん》銅《どう》張《ばり》馬《ば》具《ぐ》

幕末期に熱田文庫へ奉納された、熱田出土と伝わる金銅製馬具。6世紀後葉の舶載品で断夫山《だんぷさん》古墳以後における当地の隆盛を物語る資料となりえる。県指定

＊画像はすべて、熱田神宮提供。

拝殿《はいでん》

奥にみえる本殿とともに伊勢神宮と同様の神明造《しんめいづくり》で、1896年(明治23)に造営された社殿を元に数度の改修がされている。

草薙館《くさなぎかん》

古来より奉納された刀剣類をはじめとする文物には国宝・重要文化財なども多くあり、宝物殿や剣の宝庫草薙館で拝観できる。

信長塀《のぶながべい》

桶狭間の戦い(1560年)に際して熱田神宮にて勝利を祈願した織田信長により、後年境内に築かれた築地塀。

足利将軍家の祈願所も務めた、五山十刹に次ぐ大禅院妙興寺

尾張《おわり》国府(稲沢市)の北方に位置し、臨済宗妙心寺《りんざいしゅうみょうしんじ》派に属する、尾張屈指の古刹妙興寺(一宮市)。創立は一三四八年(貞和《じょうわ》四)とされ、中世には室町幕府と北朝の保護を得て隆盛を極めた。一八九〇年(明治二十三)の火災と翌年の濃尾《のうび》地震により、多くの堂宇《どうう》を失ったが、旧伽藍《がらん》に倣って再建されている。広大な寺域をもち、今日も多くの雲水《うんすい》が修行する大禅院である。

(小川)

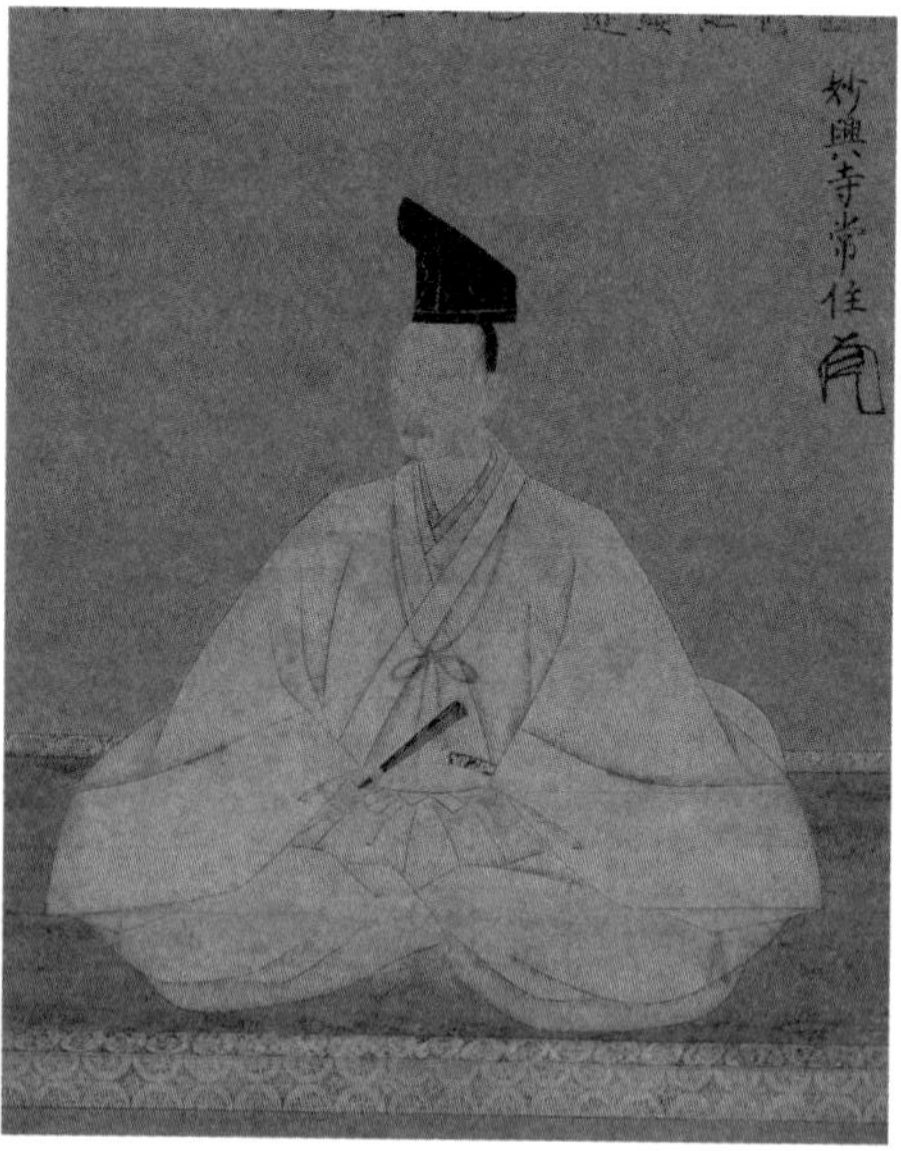

紙本著色足利義教像《しほんちゃくしょくあしかがよしのりぞう》

室町幕府六代将軍足利義教の肖像画。1432年(永享《えいきょう》4)に義教が富士遊覧を行った際、妙興寺に立ち寄ったという。画面上部には、相国寺《しょうこくじ》の瑞渓周鳳《ずいけいしゅうほう》による賛《さん》が記され、末尾に足利義政の花押が記されている(妙興寺所蔵)。重文

※釈迦如来及両脇侍座像以外の画像はすべて、一宮市博物館提供。

木《もく》造《ぞう》釈《しゃ》迦《か》如《にょ》来《らい》及《および》両《りょう》脇《わき》侍《じ》坐《ざ》像《ぞう》

妙興寺仏殿の本尊である。妙興寺伽藍が完成した1365年(貞治《じょうじ》4)に開眼《かいげん》供養されたことが『妙興寺由来記』に記録されている。両脇侍の頭部内部に「院遵」の墨書銘がみられ、院派仏師院遵《いんじゅん》の作とわかる(妙興寺所蔵。美術院撮影・提供)」。県指定

妙《みょう》興《こう》寺《じ》境《けい》内《だい》地《ち》

仏殿より参道は西へ折れて、参道の北側に方丈《ほうじょう》(本堂)、禅堂、開山堂、鐘楼や衆寮《しゅりょう》などが置かれる。現在、寺域には5つの塔頭《たっちゅう》が配されるほか、境内に隣接して一宮市博物館が立地している。県指定

勅《ちょく》使《し》門《もん》

1366年(貞和5)建立の四脚門。妙興寺に残る中世の建築として、鐘楼《しょうろう》とともに貴重な事例である。妙興寺では南北軸を中心に、前方より総門、勅使門、放生池、山門、仏殿を配している。重文

信長が築き、家康が改修し秀吉と対峙した小牧山城

小牧山《こまきやま》(小牧市)は、一五六三年(永禄《えいろく》六)に織田信長が清須《きよす》から城を移して美濃《みの》進出の拠点とし、一五八四年(天正《てんしょう》十二)の小牧・長久手《ながくて》の戦いに際しては、家康が秀吉と対峙するために陣城《じんじろ》として改修したことが知られているが、城として機能したのは永禄期で四年、天正期では一年に満たない。一九二七年(昭和二)に国史跡に指定されており、発掘調査の成果にもとづいた整備が進められている。国史

(梅本)

永禄期の遺構(石垣出土状況〈左〉と整備後)

濃尾《のうび》平野を見渡すことができる標高86メートルの頂上部の周囲には、二段あるいは三段に組まれた信長時代の石垣が発見されており、城下町からの眺望も意識していたと思われる。

※画像はすべて、小牧市教育委員会提供

小牧山全景(航空写真)

市街地に囲まれた独立丘陵の各所に城郭の遺構が残されており、山頂には小牧山歴史館がある。山麓には曲輪《くるわ》群や土塁《どるい》、堀が復元整備され、南側には東西1キロ、南北1.3キロに及ぶ信長の城下町が埋もれている。

れきしるこまき(小牧山城史跡情報館)

近年の発掘調査で明らかになった信長時代の石垣や城下町、小牧・長久手の戦いなど、城を取り巻く歴史を紹介する施設として、史跡整備に合わせて2019年(令和元)に開館。

天正期の遺構(土塁と堀)

山麓部には、信長の重臣たちの屋敷地と思われる多くの曲輪が配置されているが、それらを貫くように家康が築いた巨大な土塁と堀が廻っており、城の防御性を高める改修が行われたことを示している。

将軍上洛の際に使用された、近世城郭御殿の最高峰名古屋城本丸御殿

一六一五年(元和《げんな》元年)、名古屋城築城から三年後に完成し、二代秀忠《ひでただ》・三代家光《いえみつ》・十四代家《いえ》茂《もち》の三人の将軍の上洛《じょうらく》を迎えたが、常時「聖なる空間」として閉ざされ厳しく管理されていた。完成当初は南北に長い構造をしていたが、現在の東西に長い構造になったのは、一六三四年(寛《かん》政《せい》十一)、家光の上洛に際し、大幅な改修・増築が行われたときであった。

(佐藤)

焼失前《しょうしつまえ》の大小天守《だいしょうてんしゅ》と本丸御殿《ほんまるごてん》(古写真)
明治維新後、破却を免れた名古屋城は陸軍の所管となり、天守と本丸御殿は宮内庁に移管され、本丸御殿は名古屋離宮となった(のち名古屋市に下賜)。名古屋城は一九三〇年(昭和五)に城郭としては国宝第一号に指定されたが、一九四五年五月の空襲により、天守、本丸御殿ともに焼失した(名古屋城調査研究センター提供)。

＊古写真以外の画像はすべて、名古屋城総合事務所提供

上洛殿《じょうらくでん》

家光上洛に先立ち増築された、本丸御殿のなかでも絢爛豪華な間（手前が一之間、奥が上段之間）。室内には狩野探幽《かのうたんゆう》による「帝鑑図《ていかんず》」や「雪中梅竹鳥図《せっちゅうばいちくちょうず》」などが描かれている。

現在《げんざい》の本丸御殿《ほんまるごてん》

戦災により天守（1959年〈昭和34〉に復元）とともに焼失したが、2018年（平成30）に復元が完成した。現在の本丸御殿は三代将軍家光が上洛した際に改築された寛政時のものをベースにしたものである。

表書院《おもてしょいん》（上段之間《じょうだんのま》）

完成当初は初代藩主義直《よしなお》の御座所《ござしょ》として使用されていた本丸御殿のなかで、格式の高い部屋として藩主との正式な謁見《えっけん》の際に用いられた。上段之間は義直が座り、正式の座敷飾りを揃えられた。

東海道中唯一の国指定天然記念物御油のマツ並木

江戸時代初期、旧東海道三五番目の「御油宿《ごゆ》」と次の「赤坂宿」の間にクロマツが植栽され、現在約六〇〇mにわたり約三〇〇本が残る。一九七四年以降に新たに植栽されたものもあるが、推定樹齢百年を超える大木も数多くみられ、往時の景観を色濃く残している。「御油のマツ並木」として国天然記念物に指定され、現在に至るまで地元の人たちによって手厚く保護されている。国天　（佐藤）

御油側上空からみた松並木

（Google Earth Image©2024 Airbus）

松並木

国天然記念物に指定されたのは太平洋戦争末期の1944年(昭和19)11月。戦況悪化により国内の松の木の多くが戦闘機の燃料松根《しょうこん》油《ゆ》、船舶の材料として伐採され、御油の松並木にも伐採の危機が迫った。そうしたなか、伐採を惜しんだ御油町議林《はやし》憲義《かねよし》ら地元民の血の滲むような努力によって指定にこぎつけられた(愛知県観光コンベンション局観光振興課提供)。

豊川海軍工廠平和公園——「願わしきものは平和なり」

豊川《とよかわ》海軍《かいぐん》工廠《こうしょう》は、一九三九年(昭和十四)十二月十五日に開庁した。当初は機銃工場二棟、従業員千五百人だったが、最盛期には従業員五万人を超える大工場となった。一九四五年八月七日の空襲により、壊滅的な被害を受けた。こうした歴史を後世に継承するため、二〇一八年(平成三十)六月九日、火薬工場の一部三ヘクタールが平和公園として保存され、開園した。(伊藤)

旧《きゅう》第《だい》三《さん》信《しん》管《かん》置《おき》場《ば》出《で》入《いり》口《ぐち》

土塁内に入る通路は、コンクリートのトンネルになっていた。早くに構築された土塁は、すべてコンクリート造であったが、この土塁は石積みとなっている。セメント不足により、一部は石が使用された。市指定

旧《きゅう》第《だい》一《いち》火《か》薬《やく》庫《こ》

通気に配慮して二重の入れ子のようになっている。コンクリート造建物で、上面を土で覆っていた。内部は鉄扉が３カ所あり、３室それぞれの部屋は前室と後室に分かれ、壁は杉板が張られていた。市指定

＊平面図以外の画像はすべて、筆者撮影。所在地：豊川市穂ノ原三丁目13-2

旧《きゅう》第《だい》三《さん》信《しん》管《かん》置《おき》場《ば》

爆発事故の際、隣接する建物に引火することを防ぐため、ロの字形に囲まれた土塁の南側中央に出入口がある。東西に同じような建物・土塁が並び、原材料から製品になるまでの工程ごとに配置されていた。

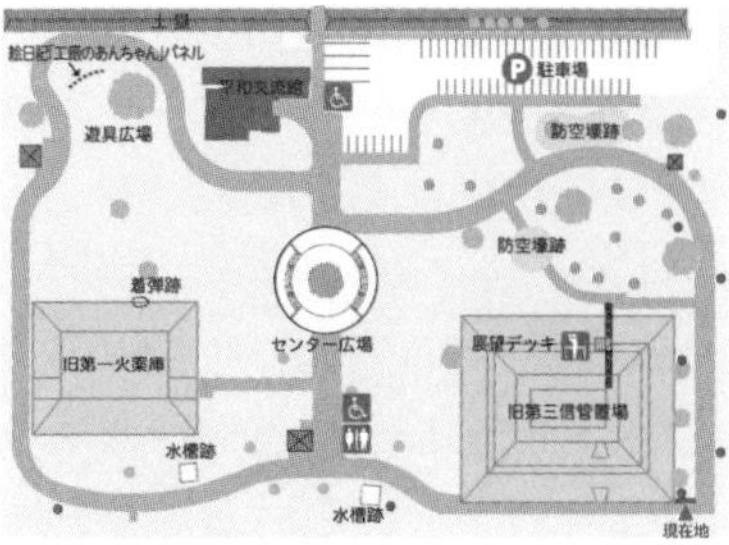

平和公園平面図
(豊川市教育委員会提供)

慰《い》霊《れい》祭《さい》

工廠に勤務していた人々により八七会が結成され、毎年8月7日に緑町稲荷公園にある供養塔で慰霊祭が行われてきた。高齢化のため年々参加する人が減り、2020年(令和2)が最後の慰霊祭となった。平和公園の存在が、減りゆく体験者に代わって継承の役割を担う。

七〇〇年以上受け継がれてきた伝統神事奥三河の花祭り

　毎年十一月から正月にかけて県東北部の北設楽郡各地で開催される「花祭り」は、鎌倉時代以来受け継がれてきた愛知県を代表する無形の民俗文化財で、国の重要無形民俗文化財に指定されている。寒い・眠い・煙いの「三むい」を体感しながら、「テーホヘ、テホヘ」の囃子《はやし》言葉に陶酔する。寒い山里で展開する鎮魂の神楽である。（鬼頭）

湯《ゆ》たて

花祭りは湯立神楽《ゆたてかぐら》である。舞庭の中央に拵えた竃《かまど》に滝で汲んできた霊水を注ぎ、主宰者である花太夫《はなだゆう》らが、湯立の作法を勤める。湯を沸かしながら神々を迎え、祭りが始まる（古戸地区）。

花《はな》の舞《まい》

花祭りでは、神々を山から里へ迎え、土地の人々と交流し再び帰っていくまで、子どもから老人までさまざまな年齢層による舞をつないでいく。そのうち花の舞は稚児が３人で舞う。最初は花笠を手で持ち、そのあとに頭へ着け、手には扇と鈴を持って長い時間、舞いつづける（河内地区）。

＊画像はすべて、東栄町提供。文化財指定名称は「花祭」。

舞庭《まいど》

花宿《はなやど》とよばれる花祭りの会場の土間が、祭りの間、さまざまな舞を執り行う舞庭になる。四周の結界には切り絵のザゼチ、天井には5色の色紙で作った湯蓋《ゆぶた》を吊り下げ、祭場を装飾する(足込地区)。

湯《ゆ》ばやし

花祭りの終盤、4人の舞い手が一時間余り舞った後、釜の湯を両手に持った藁《わら》製のユタブサ(たわし)で見物人に振りかける。最も盛り上がる舞の一つである。湯ばやしが終わると、神々を元の場所に送る神送り(鎮《しず》め)が行われ、祭りが終わる(東栄フェスティバル)。

榊鬼《さかきおに》

花祭りでの鬼は来訪神として「鬼さま」と呼ばれ、多くの人々が、その出現を待ちわびる重要な存在である。手に鉞を持って宙を切り、足で力強く大地を鎮める(古戸地区)。

愛知県の歴史講義12章

各時代の特色を専門家が執筆。
魅力あふれる愛知県の歴史を再発見し、
他地域や世界とのつながりを知る。

尾張の虫送り行事(尾張の虫送り。稲沢市。Aichi Nowフォトギャラリー提供)県指定

常滑やきもの散歩道(常滑市。Aichi Nowフォトギャラリー提供)

木曾川と国宝犬山城（犬山市。犬山城提供）

1章

遺跡が語る東西の結節点

弥生時代の愛知県域には、縄文文化を色濃く残す三河地域と北部九州より西日本に伝播していった弥生文化を受容した尾張地域が相対していた。東西の文化が交わっていく社会の変化を、土器、水田、墓制など発掘調査の成果からみる。

土器の違いが示す文化的な境界

北部九州から広がった弥生文化の特徴の一つとして稲作農耕が挙げられる。この広がりによって、狩猟や採集を中心とする社会から徐々に本格的な農耕社会へと変化していく。愛知県のある東海地方には、瀬戸内海や大阪湾沿岸を経て伝播《でんぱ》してくる。その広がりを示す指標となっているのが、福岡県遠《おん》賀《が》郡に端を発する遠賀川系土器である。形態や文様の違いがほとんどなく、汎西日本の広がりが認められ、初期の弥生文化の指標となっている。

県内では尾張《おわり》の平野部を中心に受容されており、弥生時代前期段階における到達点の一つに位置づけられている。一方、尾張平野よりも東では遠賀川系土器波及以前に広く用いられていた突帯文《とったいもん》系土器の伝統を継ぐ条痕文《じょうこんもん》系土器を主体とする遺跡が広がっている。条痕文系土器は三河《みかわ》で成立したと考えられており、その広がりは北陸地方や関東地方といった広範囲に及んでいる。そのため、巨視的には遠賀川系土器を受け入れる尾張と条痕文系土器を用いる三河とも捉えることができ、弥生時代における列島東西の文化的な境界線が県内で相対した状況がみてとれる。

環濠で囲われた新たなムラの出現と稲作農耕の広がり

朝日《あさひ》遺跡（清須市）、八王子《はちおうじ》遺跡（一宮市）、高蔵《たかくら》遺跡（名古屋市熱田区）、西志賀《にししが》遺跡（同北区）といった弥生時代前期の遠賀川系土器を多く出土する集落は周囲を堀（環濠《かんごう》）で囲われている。集落と外界とを隔絶する防御用の施設と考えられるもので、これをともなう集落を環濠集落と呼んでいる。稲作文化と深く関わる集落形態で、その出現には本格的な稲作農耕の開始が想起される。前期段階の環濠集落は伊勢《いせ》湾西岸から濃尾《のうび》平野にかけて展開しており、その後、拠点的な集落として展開し、長期間にわたって営まれた遺跡が多い。

これに対し三河（知多《ちた》半島を含む）では、江尻《えじり》遺跡（西尾市）や白石《しらいし》遺跡（豊橋市）において前期の環濠集落が営まれていたことが確認されている。ともに在地の条痕文系土器に交じって遠賀川系土器が出土しており、西日本的な要素をもつ遺跡であったが、短期間で集落が廃絶し、中期には存続していない。こうしたことから前期段階において遠賀川系土器を用いる集団による条痕文系土器の文化圏への進出が試みられたものの、一時的な居住に留《とど》まっており定着しなかったと考えられる。両遺跡の周辺では明確な稲作農耕の痕跡が確認できていないこともあり、条痕文系土器の文化圏では環濠集落や遠

東下地遺跡の小区画水田(〈公財〉愛知県教育・スポーツ振興財団愛知県埋蔵文化財センター提供。P49、P52下も同)

賀川系土器の存在と稲作農耕の開始とが必ずしも直結しない可能性が想定されている。稲作適地から明らかに離れた三河山間部や岩陰遺跡でも遠賀川系土器が確認されていることも同様の事象を示しているものと考えられる。

なお、中期中頃の瓜郷《うりごう》式以降の時期になると岡島《おかじま》遺跡(西尾市)や瓜郷遺跡(豊橋市)といった長期にわたって継続し、石包丁や大陸系磨製石器、木製農具などの稲作農耕文化に関わる資料を出土する拠点的な集落が三河にも出現する。以降は前期段階では定着しなかった稲作農耕文化がしだいに広がっていくことになる。

稲作農耕の直接的な証拠である水田遺跡の検出は畦畔《けいはん》や導水路といった痕跡の確認によるが、それらの多くは洪水や流路の変化のような自然の事象や人為的に繰り返される後世の耕作などさまざまな要因による改変を受けて失われており、保存状態が良好な一部の例外を除いて発掘調査によって弥生時代の水田が確認される事例はあまり多くはない。そのため稲作農耕の確認は土器に残された籾圧痕《もみあっこん》や時おり出土する炭化米の検出をもって行われてきている。

県内の拠点的な集落である西志賀遺跡や朝日遺跡、瓜郷遺跡などにおいても炭化米が出土しており、稲作の実態を裏づける資料となってきた。プラント・オパールの分析によってイネの存在を探ることも行われてきており、畦畔や水路跡が検出された三ツ井《みつい》遺跡(一宮市)の発掘調査では前期後半の遠賀川系土器を含む溝跡にともなってイネのプラント・オパールが検出されている。また、籾圧痕のある前期の樫王《かしおう》式土器が出土した馬見塚《まみづか》遺跡(同前)では、樫王式以前にイネが存在したとの分析結果も得られている。

県内での水田面の検出事例は、伝法寺野田《でんぽうじのだ》遺跡(同前)で確認された小区画水田である。時期的には三ツ井遺跡の事例よりも新しい弥生時代中期にあたるものの、遺構として水田の存在が確認されたことは大きく、沖積地における検出事例の増加が期待されている。三河部でも豊川左岸の低地部の東下《ひがししも》地《じ》遺跡(豊橋市)において中期末の小区画水田の跡が検出されており、尾張部と同様に今後の事例増加が望まれる。

変化する埋葬形態のかたち——伝統的な埋葬にかわる新たな埋葬

弥生時代の墓制の一つである方形周溝墓《ほうけいしゅうこうぼ》は、四辺を掘り込んで中央部を方形に盛土する形態の墳墓で、前期の段階で近畿地方から伝わってきた。当初は馬見塚遺跡でみられるような伝統的な土器棺墓が用いられていたが、中期前半には基本的な墓制として採用されるようになる。なかでも朝日遺跡では三〇〇基を超える方形周溝墓群が確認されており、一辺が三〇メートルを超す巨大なものも造営されている。縄文的な伝統による土器棺墓を用いつづける三河方面でも、中期中頃から終わりにかけて方形周溝墓が広がりをみせる。

土器棺墓がもっとも多く確認されている麻生田大橋《あそうだおおはし》遺跡(豊川市)はその様相を示す代表的な遺跡である。前期後半の水神平《すいじんびら》式の時期には、縄文晩期から続く土器棺墓群のなかに遠賀川系土器やその影響を受けた資料が見られはじめ、中期になると方形周溝墓が築かれている。この埋納する土器棺墓から墳丘を有する墓へ変化する過程に、伝統的な色合いの強い地域に弥生文化が浸透していく様相が認められる。なお、方形周溝墓は徐々に形態を変化させ、やがて前方後方型の墳墓が造成される頃には、弥生時代から古墳時代へと時代が移り変わっていくこととなる。

行き交う文物と産み出す技術

弥生時代は金属器の登場する時代である。県内でも弥生時代の遺跡から青銅器や鉄器の出土が確認されている。その最たるものが銅鐸《どうたく》である。県内では記録上のものを含めると五六個の銅鐸が確認されている。ほとんどが不時発見だが、朝日遺跡と八王子遺跡では地面に埋納された状態のものが発掘調査されている。また朝日遺跡では中期前葉の朝日式土器にともなって、砂岩製の銅鐸鋳型片が出土している。それまで出土した銅鐸よりも古い菱環鈕《りょうかんちゅう》Ⅰ式の鋳型とみられ、銅鐸鋳造開始後の比較的早い段階から独自に鋳造を行う技術をもつ集団が尾張に存在していたことを示している。また同じく朝日遺跡では、後期段階の資料として銅滴《どうてき》や比熱粘土が出土している。鍛冶にともなうことが明確な資料ではないが、青銅製品の出土がまとまる付近で出土していることもあり、鋳造に関わる施設の存在を想起させる。

　大陸からもたらされた金属は希少品であったため、日常的な利器としては依然として石器の需要が高かった。そのため、金属器の到来以降も優秀な石材やそれを用いた製品は広範囲に流通していた。その一つがハイアロクラスタイト製の磨製石斧《せきふ》である。火成岩の一種であるハイアロクラスタイトは鈴《すず》鹿《か》山脈で産出し、三重県いなべ市の青川《あおがわ》で採取することができる。河原近くに所在する宮山《みややま》遺跡は中期の磨製石斧の未製品が多く出土する石器製作遺跡で、ここから南は伊勢、東は三河西部を流れる矢作川《やはぎがわ》流域の拠点的な集落である川原《かわはら》遺跡（豊田市）や岡島《おかじま》遺跡（西尾市）にまで運ばれている。

朝日遺跡出土の銅鐸 重文

　消費地で未製品がほとんど見られないことから、青川ブランドの製品として重要な交易物資でもあったと考えられている。朝日遺跡でも多く出土しており、破損品を廃棄せずに再加工することで長く使いつづけていることから、製作地と同様の石材加工技術を有していたことがわかる。

　装飾品のための石材加工技術も高い技術を必要とする。朝日遺跡では中期初頭に位置づけられる工房跡が見つかっている。加工用の工具類に加え、未製品や不要となった砕片などから製作工程が復元でき、そこには北陸からの技術的な影響が認められている。

工房が溝で区切られた専用の区画に設けられていることから、専業の技術をもつ集団が外部から移入している可能性が想定されている。

ほかにも農耕具を作り出すための木製品の加工技術、漁撈具《ぎょろうぐ》や装飾品などを産み出す骨角器の製作技術、赤彩のための塗料の製造など、多くの技術によって弥生文化は形づくられている。

土器づくりも技術の一つである。西の遠賀川系土器と東の条痕文系土器が対峙《たいじ》するようにみられる弥生時代前期から中期にかけての状況下においても、地域ごとの偏差は存在しており、さまざまな系譜の土器が存在している。その一つ「亜流遠賀川」と呼ばれるものは、広範囲において大きな違いがないことを特徴とする遠賀川系土器にはない独自の文様が施されている。また削痕《さくこん》系土器は、遠賀川系土器が在来系譜の土器と折衷して成立したもので、尾張北部の一部で遠賀川系土器と共伴して出土する。広域なものとしては、縄文土器の伝統的な文様と弥生土器の特徴を両立させ、発見当時には「接触式土器」として取り上げられた大地《だいち》遺跡(岩倉市)出土の大地式土器があり、飛騨《ひだ》や北陸にも広がっている。また、東北地方に系譜をもつ大洞《おおぼら》式系の土器もごくわずかに確認されている。

拡散する東海系土器とパレス・スタイル土器

尾張と三河における土器文化の違いは、中期末頃に凹線文《おうせんもん》系土器の流入によって解消される。後期後半には伊勢湾沿岸から西遠江《とおとうみ》にかけて近似する土器を用いる大様式圏とも呼ばれるまとまりが認められるようになる。この頃から古墳時代初頭には東海系の土器が東西に大きく拡散するようになる。尾張を代表するパレス・スタイル土器もその一つである。

パレス・スタイル土器は赤と白の明瞭なコントラストと精緻な文様によって、きわめて高い装飾性をもつ土器で弥生時代後期から古墳時代初頭にかけて濃尾地方で盛行した。パレス式の呼称は日本近代考古学の父として知られる濵田《はまだ》耕作《こうさく》（青陵《せいりょう》。一八八一～一九三八）に始まるとされ、尾張熱田《あった》貝塚（現高蔵貝塚）の出土の壺《つぼ》が代表事例として挙げられている。当初は赤彩されていないものも含まれていたが、のちの研究のなかで白色の素地に艶やかな赤彩が施される資料に対する呼称として定着した。

朝日遺跡出土のパレス・スタイル土器（あいち朝日遺跡ミュージアム提供）**重文**

文様は白色の素地の部分に施され、無地の部分が赤く仕立てられている。壺以外の器形にも同じ装飾が認められることから、それらを総称してパレス・スタイル土器とされる。墓域からの出土例が多く、儀礼的用途が強い。時期が新しくなるにつれて徐々に装飾性が薄れていくが、土器そのものに対する施文が少なくなる古墳時代前期に至っても、広口壺にはその系譜が残る。弥生時代の終末期以降には東海系土器の一つとして遠隔地にまでもたらされ、一部では元の資料と比べて形や文様が大きく崩れながらも作りつづけられている。現代人も魅了される美しさをもつ土器に当時の人々も強い思いを込めていたことが感じられる。

（小坂）

愛知県の史跡・文化財を知る①

高《たか》蔵《くら》遺《い》跡《せき》

貝塚をともなう台地上の拠点集落

→P18

熱田台地の東縁辺部に立地する南北約八〇〇メートル、東西約六〇〇メートルの範囲に展開し、弥生時代を通じて集落が営まれている。小規模な発掘調査が多いことから全体像がつかみにくい。

高蔵貝塚出土のパレス・スタイル壺（東京国立博物館所蔵。ColBaseより） **重文**

前期段階では南側の一部を多重の環濠《かんごう》で囲った集落であったが、中期以降になると、谷地形を囲うように広く展開する。集落を取り囲むように無数の方形周溝墓が造営されており、弥生時代の貝塚遺跡としても知られている。重要文化財に指定されているパレス・スタイル土器の壺《つぼ》が出土品している。

DATA
名古屋市熱田区高蔵町

一《いっ》色《しき》青《あお》海《かい》遺《い》跡《せき》

短期的ながらも朝日遺跡に劣らぬ木製品が出土

→P21

中期後葉になり、それまで遺跡がなかった場所に出現した短期的な集落遺跡。下水処理施設造成などに先立って広範囲の発掘調査が行われており、多くの資料が得られている。各遺構の重複が著しく、多いところでは六回にわたり竪穴《たてあな》建物の建て替えが行われている。

ムラの祭礼の場とみられる象徴的な掘立柱建物跡は長辺一六メートルに及んでおり、東日本最大級の規模を誇る。湿潤な環境によって保存されていたことにより、農耕具に交じって赤彩の飾弓《かざりゆみ》、琴板、紡織具などの木製品やカゴなどの編組《へんそ》製品が出土している。

発掘状況

DATA
稲沢市一色青海町

鹿《か》乗《のり》川《がわ》流《りゅう》域《いき》遺《い》跡《せき》群《ぐん》

多彩な遺物が出土する広域交流の拠点

矢作川《やはぎがわ》中流域の右岸側で碧海《へきかい》台地東縁辺に面した南北約五キロに及ぶ範囲に連なる複数の遺跡の総称。

桜井古墳群の母体であり、最盛期の弥生時代終末から古墳時代初頭の遺構からは近畿や北陸の土器をはじめとする他地域の土器が多数出土しており、遠隔地間交流の重要な拠点として注目されている。

線刻画のある土器が複数出土しており、刺青《いれずみ》をした男性の顔面が描かれた亀塚遺跡出土の人面文土器は、当時の習俗を理解するうえで重要な資料となっている。遺跡間を流れる旧流路からは木製品も多く出土する。

亀塚遺跡出土の人面土器(安城市教育委員会所蔵) 重文

DATA
安城市安城町ほか(画像の土器は安城市歴史博物館〈→P23〉に展示)

瓜《うり》郷《ごう》遺《い》跡《せき》

↓P25

戦後、登呂遺跡と並んで注目された弥生遺跡

明治時代から遺物の出土が知られ、一九三六年(昭和十一)の工事で弥生土器を含む貝塚が発見される。戦中から戦後にかけて行われた工事で多量の遺物が出土したことを契機として一九四七~五二年にかけて五回行われた発掘調査は、記紀によらない日本の原始農耕文化の実態を解明するものとして注目を集め、戦後の日本考古学を牽引した研究者が数多く参加した。土器や石器のほか、骨角器や多数の木製農具などの多岐にわたる出土品から、狩猟・漁撈《ぎょろう》・採集と稲作農耕を複合的に行った生活の実態が明らかとなった。

発掘調査時の風景(豊橋市教育委員会提供)

DATA
国史 豊橋市瓜郷町

コラム

もっと知りたい！　深掘り愛知県史①

全国的な注目が集まる渥美半島の貝塚群

県内に一一〇カ所を数える縄文貝塚

貝塚遺跡からは通常残らない骨などが腐朽せずに現代の我々の前に姿を見せる。これらからは、当時の食のほかに、作製・利用された道具類から、当時の生業《なりわい》の姿を見ることができる。また、貝塚からはきちんと埋葬された人骨が多数出土する。このことは貝塚が当時のゴミ捨て場ではなく、再生を司る場であったと考える材料となっている。

愛知県は全国的にも縄文《じょうもん》貝塚の分布密度が高く、一一〇カ所ほどの貝塚が所在している。貝塚の形成は縄文時代早期からみとめられ、前期・中期にも所在するが、後期・晩期の段階で大きく増加する。全国的に知られる貝塚も多く存在するが、ここでは、圧倒的な遺物出土量と考古学・人類学史的にも著名な渥美《あつみ》半島部の貝塚に注目したい。

渥美半島の貝塚遺跡が広く知られるようになるのは、明治時代から大正時代にかけてのことである。この頃、それまで記紀伝承を基に考えられてきた日本人の起源について、人骨を研究することで科学的に明らかにしようという研究が進む。それにともなって、各地で人骨の収集が活発に行われ、研究者による発掘調査が競うように進められた。保《ほ》美《び》貝塚（田原市）・伊川津《いかわづ》貝塚（同）・吉胡《よしご》貝塚（同）は、そうした精力的な研究の結果として全国に知れ渡っていくようになる。

著名な研究者たちによる発掘調査の成果

渥美半島の貝塚は江戸時代には石鏃《せきぞく》が採集される場所として知られていたようである。保美貝塚や伊川津貝塚では一九〇三年（明治三十六）に東京帝国大学の大野延太郎《おおののぶたろう》による最初の調査が行われている。一九二二年（大正十一）には小金井良精《こがねいよしきよ》・大山柏《おおやまかしわ》・柴田常恵《しばたじょうえ》らによる本格的な発掘調査によって、埋葬人骨をはじめとする多数の資料が出土している。その後も宮坂光次《みやさかこうじ》、鈴木尚《すずきひさし》、長谷部言人《はせべことんど》、坂詰仲男《さかづめなかお》、和島誠一《わじませいいち》といった今日的にも著名な研究者による発掘調査が続く。吉胡貝塚も一九二二〜二三年にかけて京都帝国大学の清野《きよの》謙次《けんじ》による発掘調査で三〇〇体以上の人骨が出土したことで、広く知られるようになった。戦後には文化財保護法の下で文化財保護委員会(現文化庁)が実施する最初の国営発掘の現場となり、全国的な注目を集め、今日では史跡公園として整備されている。

　発掘により出土した人骨には屈葬《くっそう》や伸展《しんてん》葬、土器棺《どきかん》葬のほかに盤状集積といった三河で特徴的な埋葬が行われていた。四隅に頭《ず》蓋骨《がいこつ》、四辺に大腿《だいたい》骨などの長い骨を配した囲いの中に小さな骨をまとめて納める埋葬で、枯木宮《かれきのみや》貝塚(西尾市)や本刈谷《もとかりや》貝塚(刈谷市)でも見つかっており、三河湾を挟んだ交流が認められる。吉胡貝塚で出土した頭蓋骨では一三三体中一二五体で健康な歯を抜く「抜歯」が確認されている。そこには男女の区別はない。このことから抜歯が成人に際して男女ともに課せられた肉体的な試練(通過儀礼)であり、一定の年齢層で区分けされた社会が存在していたことを示しており、縄文時代における社会構造の研究に寄与してきた。また抜歯された人骨には「叉《さ》状研歯」が施されている場合がある。全体の数%に限られており、長老格のような特殊な存在であった可能性が考えられている。

清野謙次による吉胡貝塚第一次調査時の風景(上。1922年。清野謙次『古代人骨の研究にもとづく日本人種論』岩波書店1949より)

　近年、保美貝塚で北陸地方にみられる環状木柱列が発見されている。長年にわたる調査が行われてきた遺跡でのさらなる発見は、遺跡の新たな魅力を感じさせてくれる。

(小坂)

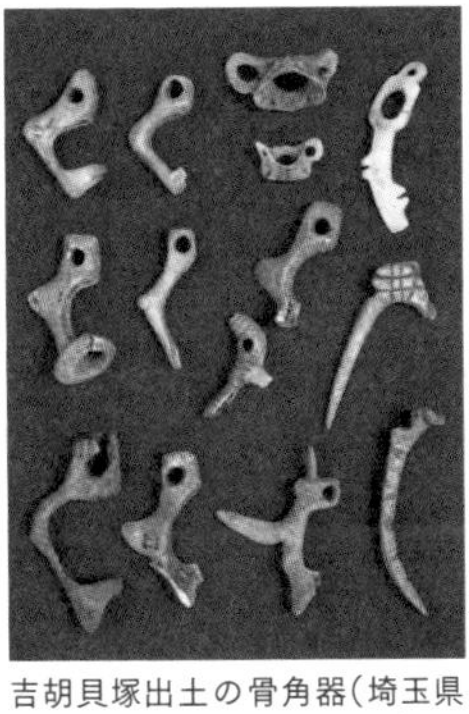
吉胡貝塚出土の骨角器(埼玉県立歴史と民俗の博物館所蔵)

2章

尾張・三河と穂の国――首長墓にみる古代の地域

東海地域最大の前方後円墳である断夫山古墳を擁する尾張地域、畿内や朝鮮半島など他地域との海上交通の痕跡が残る西三河地域、県内でもっとも多くの古墳が存在する穂の国とよばれた東三河地域。古墳と出土品から明らかとなる各地域の特徴。

律令制以前に所在した三つの国

律令で定められた旧国単位でみると、愛知県は西の尾張《おわり》国と東の三河《みかわ》国に分かれる。九世紀に物部《もののべ》氏関係者によって編纂されたとみられる『先代旧事本紀《せんだいくじほんぎ》』の一部である『国造《こくぞう》本紀』は、律令期に設置された国の前身となった地域区分とそれを治めた地域の有力者である「国造」を示した史料である。

これによれば、尾張国造と参河《みかわ》国造に次いで、遠淡海《とおつおうみ》国造との間に穂《ほ》国造とある。記載の順から、それぞれが尾張地域、西三河地域、東三河地域に比定される。このことから律令制定以前の国造制の時期には愛知県域に三つ領域が所在していたものと考えられている。残念ながら『古事記《こじき》』『日本書紀《にほんしょき》』などの文献には穂国造に関する事績が認められないが、律令制定以前である古墳時代後期から終末期にかかる古墳のあり方がその実態に迫るための重要な資料となっており、各地域の古墳に注目が集ま

断夫山古墳全景（名古屋市教育委員会提供）国史

っている。

継体大王擁立に尽力した大首長の墓
——尾張の古墳

尾張地域では廻間《はさま》遺跡（清須市）や西上免《にしじょうめん》遺跡（一宮市）で確認されている前方後方形墳丘墓を走りに、やや時期を下って東之宮《ひがしのみや》古墳（犬山市）や白鳥塚《しらとりづか》古墳（名古屋市守山区）、中社《なかやしろ》古墳（同）、青塚《あおつか》古墳（犬山市）、宇都宮《うつのみや》神社古墳（小牧市）、二ツ寺神明社《ふたつでらしんめいしゃ》古墳（あま市）といった前方後円墳ないし、前方後方墳が濃尾平野部から山麓部にかけての随所で築造される。これが中期以降には大型古墳の築造数が減少するとともに、造営地が熱田《あつた》台地や庄内川水系へと変化していく。こうしたなかで、出現した古墳が断夫山《だんぷさん》古墳（名古屋市熱田区）である。

尾張の古墳は規模や墳形のほかに埴輪《はにわ》のサイズで明確な階層差を認めることができ、その頂点として断夫山古墳が存在することが明らかになっている。名古屋台地から岬状に突出する熱田台地の南西端に占地している。築造当時は眼下にあゆち潟の広がる象徴的な立地で、海上交通を意識していると考えられる。東海地域最大の前方後円墳(全長約一五〇メートル)の規模を誇り、現存する墳丘部を中心に国史跡に指定されている。主体部が判明しておらず、その副葬品の内容も不明であるが、採集された須恵器《すえき》や埴輪などから五世紀後葉から六世紀前葉に比定される。当該期では全国屈指の規模であり、継体《けいたい》大王の擁立に関わったとされる尾張連草香《おわりのむらじくさか》かその娘で継体の妃となった目子媛《めのこひめ》の墓とする説が有力視される。埴輪のなかでも八条突帯の円筒埴輪は大王墓級の古墳に並べられるような製品であり、被葬者が強い権威をもつ人物であったことがわかる。

二〇二〇年(令和二)から整備を目指して、墳丘規模や周濠《しゅうごう》の形態を確認するために墳端部から周溝にかけての調査が実施されている。きわめて限定された調査範囲であったことに加え、中近世段階ですでに大きく改変を受けている状態であったことから、決定的な資料は確認されていないが、出土資料はこれまでの年代観に沿っていることが確認されている。

この断夫山古墳に次ぐとみられる古墳として、名古屋市中区の大須二子山《おおすふたごやま》古墳も六世紀前半に築造された古墳とみられている。残念ながら古墳は湮滅《いんめつ》しているが、残されている豊富な副葬品はいずれも優品であり、ヤマト王権を支えた全国各地の前方後円墳に副葬される資料であることから、断夫山古墳に次ぐ大首長の墓として有力視される。また断夫山古墳の南側に所在する日本武尊《やまとたけるのみこと》の墓との伝承をもつ白鳥《しらとり》古墳(名古屋市熱田区)も有力な候補で、発掘調査は実施されていないが、一八三七年(天保《てんぽう》八)に暴風雨によって石室が表出した際に、多量の副葬品を有することがわかっている。記録後に埋

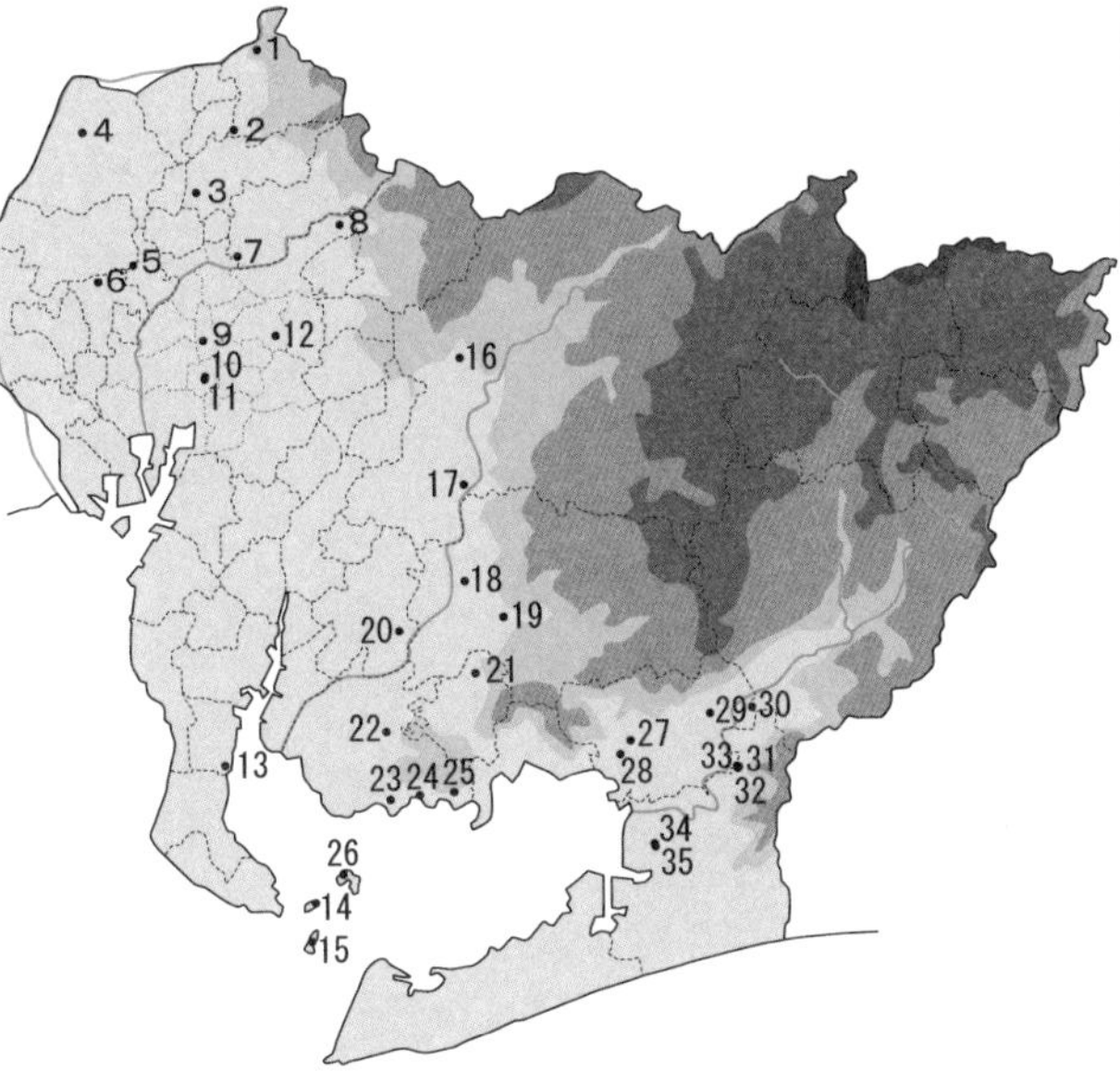

1　東之宮古墳
2　青塚古墳
3　宇都宮神社古墳
4　西上免遺跡
5　廻間遺跡
6　二ツ寺神明社古墳
7　味美二子山古墳
8　志段味古墳群
9　大須二子山古墳
10　断夫山古墳
11　白鳥古墳
12　東山古窯址群
13　山崎古墳
14　北地５号墳
15　神明社貝塚
16　上向イ田窯跡
17　豊田大塚古墳
18　甲山１号墳
19　経ヶ峰１号墳
20　鹿乗川流域遺跡群
※二子古墳
21　青塚古墳
22　正法寺古墳
23　善光寺沢南古墳
24　中之郷古墳
25　とうてい山古墳
26　山の神塚古墳
27　船山１号墳
28　船山古墳
29　花の木古墳墳
30　旗頭山尾根古墳群
31　馬越長火塚古墳
32　大塚南古墳
33　口開塚南古墳
34　牟呂大塚古墳
35　市杵嶋神社古墳

愛知県内の古墳分布図(筆者作成)

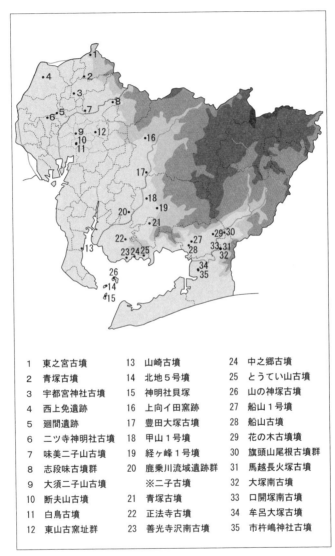

味美二子山古墳（春日井市教育委員会提供）国史

め戻されたため、現在資料を見ることはできないが、詳細な記録から石室内に鏡、武具、装飾須恵器、馬具などが副葬されており、六世紀前葉から中葉の資料であると考えられている。

これらの古墳が造営される背景には須恵器生産のような新たな技術の導入やそれらにともなう生産基盤の変化、交易・流通体制の整備などがあると考えられる。実際に名古屋市東部の丘陵部の東山古窯址群では陶邑《すえむら》窯（大阪府南部）に次いで定着した須恵器生産が行われ、名古屋台地から熱田台地上に立地する伊《い》勢山《せやま》中学校遺跡（名古屋市中区）や高蔵《たかくら》遺跡（同熱田区）などでは韓式土器はじめ渡来系資料が集中的に出土するなど、大首長の基盤を支える複数の集団が存在していることを示している。断夫山古墳築造前後には近接する高蔵遺跡や東古渡町《ひがしふるわたりちょう》遺跡（名古屋市中区）で築かれる二〇メートル以下の小方墳群はこうした存在の墓域であると考えられる。

また六世紀前半と推定される前方後円墳で、断夫山古墳とともに継体大王が埋葬されていると考えられている今城塚《いましろづか》古墳（大阪府高槻市）とほぼ相似形となる味美二子山《あじよしふたごやま》古墳（九五メートル。春日井市）は、断夫山古墳に次ぐ規模であることに加え、まとまって出土した埴輪から、今城塚古墳でみられるような埴輪の祭祀場が存在していた可能性が指摘されており、注目される古墳である。

海上交通を重視し、いち早く横穴式石室を導入——西三河の古墳

古墳時代前期には、矢作川《やはぎがわ》中流域の右岸側に弥生時代から興盛する鹿乗川《かのりがわ》流域遺跡群(安城市)に接する碧海《へきかい》台地縁辺部の桜井《さくらい》古墳群(同)が展開する。左岸側では甲山《かぶとやま》1号墳(約一二〇メートル。岡崎市)などにおいて畿内系の円筒埴輪が出土している。中期に入ると三河湾を臨む海浜部の丘陵上に大型前方後円墳の正法寺《しょうぼうじ》古墳(九四メートル。西尾市)が築かれた。埴輪と葺石《ふきいし》が認められる典型的な前方後円墳である。立地から海上交通を支配した有力者の墓とみられ、造出に準ずるとみられる括《くび》れ部の島状遺構は、船形埴輪が出土した宝塚《たからづか》1号墳(三重県松阪市)と類似すると考えられている。

また矢作川左岸側の下流域では善光寺沢南古墳(一辺三五メートル。西尾市)において近接集落で製作された壺形埴輪の樹立が確認されている。五世紀後半には経ヶ峰《きょうがみね》1号墳(三五メートル。岡崎市)や中之郷《なかのごう》古墳(四〇メートルか。西尾市)に小口の一方に入口を設ける竪穴《たてあな》系横口式石室系統の主体部が導入される。東海地方における横穴式石室導入の端緒であり、北部九州から直接的に伝播《でんぱ》したと考えられる。中之郷古墳では出土資料から朝鮮半島南部との直接的な関係も指摘されており、海上交通の重要性が際立つ古墳であるが、近年の調査で近畿地方を中心に分布する石見《いわみ》型埴輪の樹立も確認されており、畿内との関係性も強かったことが明らかとなっている。六世紀後葉に築かれ、七世紀前葉までの追葬が認められるとうてい山古墳(径一二メートル。西尾市)は、豊富な副葬品に加えて、佐久島《さくしま》から産出された凝灰質砂岩による組合《くみあわせ》式箱形石棺が納められていた。三河湾を一望する丘陵尾根上に

豊田大塚古墳出土遺物(豊田市所蔵) 重文

占地しており、中之郷古墳以降に沿岸部の海上交通を握った首長の墳墓と考えられている。

西三河では前方後円墳の造営が中期の間に終了するという特徴が認められる。最後の前方後円墳である青塚《あおつか》古墳(三六メートル。幸田町)には竪穴系横口式石室系統の主体部が採用されており、新たな埋葬方法が積極的に取り入れられている。その一方で、階層差を如実に表す形態の墳墓が早々に築かれなくなることは、興味深く感じられる。六世紀前葉から中葉にかけて矢作川右岸の台地南端に豊田大塚《とよたおおつか》古墳(径約三〇メートル。豊田市)が築かれる。全長八・七メートル、幅一・八〜二・五メートルの平面撥《ばち》形を呈する横穴式石室は竪穴系横口石室の系譜上に位置づけられる。装飾須恵器をはじめとする多様な副葬品で知られており、半島系の遺物である胡籙《ころく》金具などから渡来人と関わりをもつ矢作川流域における最有力者の墳墓と考えられている。この頃に操業された上向イ田《かみむかいだ》4号窯(同)では須恵器や埴輪の在地生産が行われるようになり、増加する地域の古墳に供給されている。

また時期的には先行するが、南に広がる沖積地に所在する神明《しんめい》遺跡(同)では五世紀中葉以降に渡来系資料の出土が顕著にみられるなど、尾張の熱田台地と同様に新たな資料や技術がもたらされている。

なお、豊田大塚古墳の出土品に認められる短脚高坏《たんきゃくたかつき》は知多半島東部の山崎《やまざき》古墳(武豊町)や佐久島《さくしま》の山《やま》の神塚《かみづか》古墳(西尾市)、三重県答志島《とうしじま》のおばたけ遺跡(三重県鳥羽市)などで類似する資料の出土することから、時期的な違いがあるものの、地域を越えて共通に用いられたものとの考えが示されている。ここに山崎古墳出土資料に含まれる岸岡山窯《きしおかやまよう》(同鈴鹿市)産と指摘される脚付短頸壺《きゃくつきたんけいこ》が篠島《しのじま》の神明社貝塚(南知多町)や日間賀島《ひまかじま》の北地《きたじ》五号墳(同)で出土していることを重ね合わせて、志摩《しま》半島から三河湾島《とう》嶼《しょ》部を経て、矢作川を遡るような偏った分布が浮き彫りになり、これをもって旧国に拠らない海を通した地域圏の存在が指摘されている。塩の流通もこれに重なるようで、矢作川沿いの集落遺跡からは、知多や渥美《あつみ》、島嶼部、三河沿岸部の製塩土器が出土する。

多くの古墳が築かれた穂の国の領域——東三河地域

全国で古墳は約一六万基、愛知県には約三一〇〇基の古墳が所在している。そのうち七〇〇基が尾張地域、八〇〇基が西三河地域、一六〇〇基が東三河地域に分布している。単純に数だけでみると尾張・西三河地域の古墳数を上回っており、全国の一〇〇分の一の古墳が東三河地域に所在しているということになる。その多くは群集墳と呼ばれる小型の古墳である。群集墳は限られた有力者からより下位の階層にまで古墳築造の裾野が広がった結果で、これらが多く築かれる背景にはそれをなしうるだけの基盤が整ってきたことを示している。主体部には横穴式石室が用いられており、埋葬形態も単一の権威者を葬るものから、家族単位での複数埋葬へと変化している。

馬越長火塚古墳の金銅装馬具（豊橋市教育委員会所蔵）重文

東三河の前期古墳は中小規模で数も少ない。河川沿いの台地上や臨海部といった交通の要所に築かれている。そのなかでももっとも規模が大きい古墳は、前期初頭に豊川河口部で三河湾に突き出す半島上に築かれた前方後方墳の市杵《いちき》嶋《しま》神社古墳（五五メートル。豊橋市）である。その立地から海上交通を支配していた首長の墳墓であると考えられる存在である。これ以上に突出した規模の古墳は確認されていないが、前期から中期にかけて中小規模の円墳や方墳が集中して築かれている古墳群が散在することに独自の様相がみてとれる。いわゆる初期群集墳の一例として捉えることができ、地域の墓制として独自に採用した集団の存在を示している。

前期から中期の方墳群である花《はな》の木《き》古墳群（豊川市）では、近年の発掘調査によって中期初頭に位置づけられる7号墳の主体部から蛇行剣《だこうけん》をはじめとする遺物が出土した。墳丘上では褐石製の玉類による祭祀《さいし》の痕跡も確認されており、他地域の古墳に比肩する内容の資料であることが確認されている。このことは、小型古墳の被葬者も独自に交流を行っていたことを示しており、前方後円墳を軸とする結びつきとは異なるつながりを物語っている。

こうした状況を覆すように、中期後半になると突如として東三河最大となる大型前方後円墳の船山《ふなやま》1号墳(九四メートル。豊川市)が築かれる。西三河と東三河とをつなぐ交通路を押さえる位置を選地しており、のちに三河国府や国分寺、国分尼寺が近隣に造営される要衝地である。これに後続する古墳としては船山1号墳の南約二キロに築かれた前方後円墳の船山古墳が挙げられるが、全長が三七メートルと大きく縮小されており、地域全体に力を及ぼす存在ではなくなっている。

時期が下り、六世紀後葉に至って築かれる前方後円墳が馬越長火塚《まごしながひづか》古墳(七〇メートル。豊橋市)である。主体部は長大な前庭部をともなう複室構造を呈し、三河地方でも最大級の横穴式石室で、そこから出土した棘葉形杏葉《ぎょうよう》に代表される金銅装馬具は、畿内中央の工房で製作されたもので各地の最有力な首長墳の副葬品にみられる優品である。墳形も実際の欽明《きんめい》天皇陵に比定される見瀬丸山《みせまるやま》古墳(奈良県橿原市)型前方後円墳との指摘がなされており、ヤマト王権との強いつながりがある首長の墳墓であると考えられている。築造時期が中央により地域の整備が進められた時期にあたることもあり、穂国造の墓とする考えが示されている。また馬越長火塚古墳に隣接して築かれている大塚南《おおつかみなみ》古墳と口明塚《くちあけづか》南《みなみ》古墳は、発掘調査で得られた出土品から馬越長火塚古墳に続いてわずかな時期差をもって築造されたことが明らかとなっている。そのため馬越長火塚古墳の被葬者が国造であるならば、この古墳群が国造家三世代にわたる墓域と考えられるため、たいへん興味深い。

（小坂）

東之宮古墳《ひがしのみやこふん》

犬山市周辺の邇和地域を治めた首長の墓

↓P20

全長七二メートルで県内では最大の前方後方墳。主体部は後方部墳頂で主軸に並行して築かれた長さ四・八メートルの竪穴《たてあな》式石槨《せきかく》で、赤色顔料で塗彩されていた。石槨内の粘土床には長大な木棺が収められており、棺の内外から出土している鏡類、玉類、石製製品、鉄製武器などの豊富な副葬品は県内の前期古墳では随一の資料である。同じ犬山市内に所在する青《あお》塚《つか》古墳→木曾川対岸の坊《ぼう》の塚《づか》古墳→ふもとの妙感寺《みょうかんじ》古墳の順に尾張北部から美濃《みの》にかかる一帯(邇和《にわ》地域)に影響力を及ぼした首長の最初の墓とも考えられている。

竪穴式石槨(犬山市教育委員会提供)

DATA
国史 犬山市犬山

志段味古墳群《しだみこふんぐん》

東谷山に広がる尾張地方最大の奥つ城

↓P18

四世紀前半の大型前方後円墳である白鳥塚《しらとりづか》古墳(一一五メートル)を皮切りに、八世紀前半まで墳墓が築かれつづけた。四世紀半ば築造の中社《なかやしろ》古墳・南社《みなみやしろ》古墳には大王墓のものと似た尾張最古の円筒埴輪《はにわ》が樹立されており、畿内との強いつながりが見いだせる。五世紀後半に築かれた帆立貝式古墳の志段味大塚古墳からは、ヤマト王権から入手したと考えられる最先端の武具や装身具が出土する一方で、尾張で独自に生産された埴輪の樹立も認められる。白鳥塚古墳をはじめ七基が国史跡に指定されている。

中社古墳出土の埴輪(名古屋市教育委員会提供)

DATA
国史 名古屋市守山区上志段味、瀬戸市十軒町

二子古墳《ふたごこふん》

↓P23

鹿乗川《かのりがわ》流域遺跡群に接する碧海《へきかい》台地の縁辺部に築かれた桜井《さくらい》古墳群の一角にある全長六九メートルの前方後方墳。東海道新幹線の車窓から臨むことができることでも知られる。

DATA
国史 安城市桜井町

正法寺古墳《しょうぼうじこふん》

↓P23

伊勢《いせ》までを望む丘陵上の大型前方後円墳(九四メートル)。海上交通を支配した有力者の墓とみられ、樹立された王陵系の埴輪からは、ヤマト王権との深い関わりがうかがわれる。

DATA
国史 西尾市吉良町

牟呂王塚古墳《むろおうづかこふん》

↓P25

全長二七・五メートルの小規模な前方後円墳ながら、大型の横穴式石室の主体部を有し、豊富な副葬品には六窓鍔《ろくそうつば》系圭頭《けいとう》大刀《たち》や透かし彫りや毛彫りが施された金銅装馬具などの優品が多く出土している。

DATA
豊橋市牟呂市場町

金銅装製品《こんどうそうせいひん》

馬越長火塚古墳などで出土している金銅装製品は製造に高い技術力が必要となる。国内ではヤマト王権の工房で一括して製造されたと考えられており、王権との深い関わりを示す資料として注目される。

DATA
豊橋市石巻本町(馬越長火塚古墳↓P25)など

旗頭山尾根古墳群《はたがしらやまおねこふんぐん》

↓P25

四〇基で構成される群集墳で、朝鮮半島に起源をもつ積石塚古墳(盛土に替わって石を多用して築かれた古墳)を含む。積石塚古墳の分布域は国内で限定的で、県内では東三河でのみ確認されている。

DATA
県指定 豊川市・新城市

東山古窯址群《ひがしやまこようしぐん》

↓P18

名古屋市東部の丘陵部において五世紀に始まる須恵器《すえき》生産窯。のちの猿投山《さなげやま》南西麓古窯(猿投窯《さなげよう》)の前身であり、今日に至る愛知の焼き物生産の原点ともいえる。荒木集成館で古窯の資料を見学できる。

DATA
名古屋市千種区・昭和区・天白区

3章 律令制と古代国家・仏教、それと窯業

現代にまで残る尾張と三河の区分は律令制下で始まる。
両国はどのような政庁をもち、どのような生産活動をしていたのか。
そして、中央とはどのようなつながりをもったのか、愛知県の古代を知る。

尾張国・三河国の誕生と行政区分

大宝《たいほう》律令の制定(七〇一年)により、国―郡―里を基本とする地方の行政単位が成立し、都を中心とする政治体制が整う。愛知県には尾張《おわり》国と三河《みかわ》国の二国が置かれ、尾張国は海部《あま》、中島《なかしま》、葉栗《はぐり》、丹羽《にわ》、春部《かすがべ》、山田《やまだ》、愛智《あいち》、知多《ちた》の八郡、三河国は碧海《あおみ》、賀茂《かも》、額田《ぬかた》、幡豆《はず》、宝飫《ほい》、八名《やな》、渥美《あつみ》の七郡を治めた。このうち三河については、のちに宝飫郡から分割された設楽《したら》郡が誕生して八郡となる。

地方行政を担うための官衙《かんが》が整備され、文房具類のような行政施設特有の資料が集中して出土する遺跡が現れる。駅伝制による駅路の整備や駅家《うまや》の設置は、全国的な陸上交通網の発達を促す。古墳造営に代わる新たな権威の象徴としての寺院の建立には伽藍《がらん》配置や瓦の笵《はん》(型)などから朝廷との関わりも認められる。

官衙――古代の尾張と三河の行政府

三河国府正殿跡（豊川市教育委員会提供）国史

尾張国府は中島郡に置かれており、尾張総社の大國霊《おおくにたま》神社が所在する稲沢市国府宮《こうのみや》とその周辺が推定地となっている。大きく蛇行する三宅川《みやけがわ》に挟まれた自然堤防上に立地しており、下流側の自然堤防上に国分寺と国分尼寺が所在していた。発掘調査では礎石建物や十世紀以降の資料を主体とする官衙的性格をもつ遺物が多く出土している。国庁などにあたる遺構は確認されていないことから、大國霊神社内に主要施設が所在すると考えられている。三宅川流路を挟んで東側に展開する塔《とう》の越《こし》遺跡や長野北浦《ながのきたうら》遺跡では、七世紀後半から九世紀にかけての掘立柱建物跡などの遺構が検出され、同じく官衙的な遺物も出土している。

これらのことから、奈良時代から平安時代前期と平安時代後期とで国府の位置が遷《うつ》り変わる可能性や、東側にも国司《こくし》館を含む国府域が展開している可能性が指摘されている。後者については画一的な地割に捉われずに、国庁などと周辺に点在する微高地上に分散させた工房や市、居住域などとが機能的に結びつく形の尾張国府関連遺跡群の姿が想定されている。

　三河国府は宝飫郡に置かれ、豊川市白鳥町に所在する白鳥《しろとり》遺跡に比定されることが明らかになっている。舌状台地先端に立地しており、近隣には西三河と東三河とをつなぐ陸路の要所に占地した東三河最大の船山1号墳が所在する。谷を挟んだ東の台地上に国分寺と国分尼寺が造営されており、古代三河の中枢の官営施設が軒を連ねている。一九九二年(平成四)から実施された確認調査により、現在の三河総社の東側において、掘立柱塀で囲まれた内郭に正殿をはじめとする国庁の主要施設がコの字状に整然と並んで検出され、九世紀初頭から一〇世紀中葉までの間に三期にわたる変遷が確認された。国府の政務に関わる遺物が多数出土しており、「國厨」と墨書された須恵器《すえき》は出土状況から国庁内郭に接して饗応《きょうおう》や食事の差配をする施設が配置されていた可能性を示している。外郭やさらに外側の区画溝も検出されており、各施設が整然と配置されていたことが明らかになっている。また、国庁から北東側二五〇メートルほどの地点では、コの字形に配置された一〇世紀代の建物群が確認されており、国司館跡と推定されている。台地縁辺部付近の調査で確認された八世紀代の建物群にともなう廃棄土坑において多量な遺物とともに出土した羊形硯《ようけいけん》は、平城宮《へいじょうきゅう》や斎宮《さいぐう》、備前《びぜん》国府に関連するとみられるハガ遺跡(岡山市中区)など、限られた主要な遺跡でみられる資料で注目される。

　郡家《ぐうけ》(郡衙《ぐんが》)については、確実に中枢域とされる正殿などの建造物の痕跡は確認されていないものの、候補とされる遺跡として正木町《まさきちょう》遺跡(名古屋市中区)が挙げられる。周辺域と合わせて尾張氏の本拠地とみられる遺跡で、古代の遺構が折り重なって検出されており、総柱建物跡も複数確認されている。畿内系暗文《あんもん》土師器《はじき》、羊形硯片や陶馬といった外来要素の資料が出土しており、古墳時代中期から続く交通拠点の要所としての機能に官衙的な機能が結びついており、愛智郡家の有力な候補である。また、志《し》賀《が》公園遺跡（同北区）では税の単位である稲束や人名を表す文字のある木簡《もっかん》が出土しており、山田郡家の可能性が指摘される。後世に吉田城が築かれる枢要地に立地する飽海《あくみ》遺跡（豊橋市）は調査面積が少ないことから実態は不明ながら、総柱建物跡や平瓦、緑釉《りょくゆう》陶器などの遺物が広範囲にわたって出土しており、渥美郡家やそれに関わる機能をもつ遺跡である可能性が高い。

下田南遺跡出土の総柱建物跡（岩倉市教育委員会提供）

近年、広範囲に発掘調査が行われた下田南《しもだみなみ》遺跡（岩倉市）で居館とみられる大型の建物跡や整列した総柱建物跡、近接する川井薬《かわいやく》師堂《しどう》廃寺跡へ延びる道路状遺構などが確認されている。文房具なども出土しており郡家的な機能が認められたが、明確に郡庁といえる行政施設が確認されていないことから、倉庫群としての機能に特化した施設をもつ郡内の主要な郷の一つであるとみられる。ほかにも官衙的な機能の一部を有する遺跡としては、市道《いちみち》遺跡（豊橋市）、梅坪《うめつぼ》遺跡（豊田市）、高橋《たかはし》遺跡（同）、品野西《しなのにし》遺跡（瀬戸市）などが挙げられ、郡中の律令体制以前から地方豪族を含む有力者層が郡司とは別に存在した実態を表しているものと考えられる。

出土瓦にみられる中央とのつながり

古代瓦の出土事例から、県内では七〜一〇世紀にかけて七〇ほどの古代寺院が造営されたと考えられている。国分寺造営以前の七世紀後葉以降では、伊勢《いせ》北部から美濃《みの》・尾張・三河にかけて古代寺院の造営が盛んに行われており、これらの寺院には奈良の川原寺《かわらでら》のデザインを範とした川原寺系の軒丸《のきまる》瓦が共通して採用されている。その数は確認されているだけでも全体で三〇以上にも及ぶ。

古代史上最大の内戦である壬申《じんしん》の乱(六七二年)における東海地方での舞台とおおむね重なっていることから、大海人皇子《おおあまのみこ》(天武《てんむ》天皇)方に付き、その勝利に貢献した有力豪族への論功行賞として川原寺系の笵を用いることが許されたものと考えられている。県内では尾張氏の氏寺である尾張元興寺《がんごうじ》(名古屋市中区)をはじめ、勝川《かちがわ》廃寺跡(春日井市)、黒岩《くろいわ》廃寺跡(一宮市)、勧学院文護寺《かんがくいんもんごじ》跡(豊田市)、伊保《いぼ》廃寺跡(同)、医王寺《いおうじ》廃寺跡(豊川市)で出土が認められる。

高い技術と多くの労力を必要とする寺院の造営は、古墳の築造に代わる新たな権威の象徴であったと考えられる。そこにおいて政権の中枢との関わりが明示されることは、地域内でも重要な意味をもっている。また初期の寺院では、造営に係る技術の導入が地域内での有力者同士のつながりにも大きく影響されていると考えられる。

中央とのつながりでは、尾張最古の寺院で尾張氏の氏寺と考えられている尾張元興寺遺跡では造営の段階ごとに畿内の瓦が採用されている。またその多様な資料には多地域とのつながりが認められる。

医王寺廃寺跡では紀寺《きでら》式や石川寺《いしかわでら》式の瓦も出土しており、伊勢を経由した海路による波及の可能性が指摘されている。瓦を供給した瓦窯《がよう》も調査されており、彼我の関係が確認されているものがある。国分寺造営以前の官寺としての位置づけが指摘される東畑《ひがしばた》廃寺(稲沢市)では、篠岡《しのおか》2号窯(小牧市)で焼成された奈良県の奥山久米寺《おくやまくめでら》跡と同笵の軒丸瓦が出土している。また出土した塼仏《せんぶつ》は橘寺《たちばなでら》や川原寺のものと酷似している。高蔵寺《こうぞうじ》瓦窯跡(春日井市)は藤原宮《ふじわらきゅう》の瓦窯である日高山《ひだかやま》瓦窯と同じ特異な塼積構造をもつ。製品も藤原宮出土のものと同範軒丸瓦を含む藤原宮系の瓦が焼成され、勝川廃寺や下田南遺跡に隣接する川井薬師堂廃寺に供給されている。

地域内の広がりでみると、国分寺創建前後では尾張北東部、尾張北西部、尾張南部でそれぞれ一定のまとまりが認められる。三河では四天王寺式の伽藍配置をもつ北野《きたの》廃寺跡(岡崎市)において川原寺系とは異なる高句麗《こうくり》様式の瓦が採用されている。意匠を変化させながら三河内に広がっており、三河国府でも系譜上に位置づけられる瓦が出土している。このことから、北野廃寺跡の造営に関与した瓦工人が三河の各地で行われた官衙や寺院の建設に関わりつづけたことが推測されている。

陶器の一大生産地としての尾張・三河

律令制の進展や寺院の増加はそれまでにない新たな需要を生み出した。大陸からもたらされた金属器製の仏器を志向する品を基調とした新たな様式は中央に始まり、律令制とともに地方へと波及するなかで各地の土器生産を一変させた。こうして発生した需要を満たすために全国的に窯業が盛んとなる。

尾張から三河にかけて広がる一大陶器生産地となる猿投窯《さなげよう》(猿投山南西麓古窯跡群)が発祥地である東山《ひがしやま》地区から拡大する時期にあたり、庄内川以北に展開する尾北窯《びほく》や湖西窯跡《こさい》に属する一里山《いちりやま》古窯跡群(豊橋市)の操業とも重なっている。尾張産の製品は七世紀前半には飛鳥《あすか》地域に運ばれており、天武朝期から藤原京の時代には大量の製品が都にもたらされている。また飛鳥地域で一定量出土する湖西窯産の資料の多くが三河側に由来する製品である可能性が高いとの指摘もある。

八世紀代に遣唐使によってもたらされた中国製の陶磁器は憧憬をもって迎えられ、国産での施釉陶器製造が渇望されるようになる。その情熱は唐三彩《とうさんさい》を模した奈良三彩が製造されることにも現れているが、のちに継続しておらず、容易ではなかったことがわかる。そうした状況に応えたのが、猿投窯であった。猿投窯では八世紀半ばに律令体制にともなう地方支配の一環とみられる生産体制の再編成が起こる。国衙《こくが》が関連しての大々的なものであったと考えられており、これによってもたらされた安定的な操業のもとで作陶技術が向上していく。

この時期の製品をみると厚さが薄く底部内面が平滑に仕上がる製品が引き上がっていることからロクロ技術の向上が認められる。また窯構造を工夫することで自然釉薬が厚く掛かった原始灰釉陶器が焼造しやすくなるように試みられている。猿投窯の製品は都城でも多く出土していて、なかには都城側からの発注とみられる事例もあることから、猿投窯のもつ生産技術と製品の品質が高く評価されていたと考えられる。都城出土の原始灰釉の多くは壺や瓶類であるが、K—7号窯(東郷町)で金属器や越州窯産青磁を模した資料が出土しているなど、坏や椀類での試行錯誤も行われていることも確認されている。

　こうして蓄積された知識や技術によって灰釉を施釉した陶器が平安時代前期に生み出され、やがては全国各地に流通するようになる。

　古代、灰釉陶器は白瓷《しらし》と呼ばれており、これと別に青瓷《あおし》と呼ばれたのが緑釉陶器である。緑釉陶器は古代において中国製陶磁に次ぐ高級品で、平安京《へいあんきょう》周辺で開発されたものが伝播《でんぱ》して猿投窯でも製作されるようになる。文献には『日本後紀《にほんこうき》』の弘仁《こうにん》六年（八一五）正月丁丑《ていちゅう》条において、尾張国山田郡出身の三名が瓷器塗りの製作技術を習得したとの記載がみられる。灰釉陶器製作技術もあり、尾張産の緑釉陶器は他地域のものと比べて品質が高く、「尾張青瓷」として宮中行事でも使用されていた。

矢作川河床遺跡出土の緑釉花文輪花椀（岡崎市美術博物館所蔵）

　猿投窯における生産は平安時代を通じて行われているが、鎌倉時代になると中国陶磁器の輸入量増加などの影響により衰退していく。それにともなって猿投窯の工人たちが分散した結果、瀬戸・常滑《とこなめ》・渥美において、新たな形で窯業が盛行するようになる。

（小坂）

尾《お》張《わり》国《こく》分《ぶん》寺《じ》跡《あと》

↓P21

発掘調査成果と文献研究との一致

南北幅約三〇〇×東西幅約二二〇メートルに広がる発掘調査によって金堂、講堂、南大門が一直線に並び、塔を回廊外の東側に置く東大寺式の伽藍《がらん》配置であることが明らかとなっている。文献の記載から八世紀中頃に創建され、九世紀後半には焼損により廃絶したと考えられていたが、発掘調査で出土した遺物の時期や出土状況と整合したことで、その信憑性が高まった。尾張国府跡の北側に所在し国分寺建立以前の官寺的な位置づけのある東畑《ひがしばた》廃寺や、焼失後に国分寺機能が移転する尾張氏建立の尾張元興寺《がんごうじ》との複雑な関係性も注視される。

第１次調査出土の軒丸瓦（稲沢市教育委員会提供）

DATA

国史　稲沢市矢合町

三《み》河《かわ》国《こく》分《ぶん》寺《じ》跡《あと》・国《こく》分《ぶん》尼《に》寺《じ》跡《あと》

↓P25

その遺品は平安の音色を今に伝える

古くから、瓦の出土や礎石などの存在が知られており、一九二二年（大正十一）の段階で国指定史跡となった。国分寺では令和五年度までの史跡整備の調査で新たに僧房跡が確認されている。指定地内の銅鐘（重要文化財）は平安時代初頭からの伝世品で、現在も除夜の鐘として地域に親しまれている。諸国の国分寺に劣らない規模の金銅を有する国分尼寺は、保存整備され実物大に復元された伽藍を見ることができる。また豊川市内では両寺院に補修瓦を供給した赤塚山窯跡が確認されており、生産地と消費地の関係が明らかになっている。

三河国分尼寺跡（豊川市教育委員会提供）

DATA

国史　豊川市八幡町

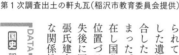

大《おお》山《やま》廃《はい》寺《じ》跡《あと》

↓P20

山麓中腹部を造成した複数の平坦部に造営された古代から中世にかけての山岳寺院。

最高所に置かれた塔を含む主要伽藍の創建年代には諸説ある。

DATA
国史 小牧市大山

矢《や》作《はぎ》川《がわ》河《か》床《しょう》遺《い》跡《せき》

↓P22

矢作川に沿って広がり、縄文時代以降の遺物が数多く散布する広大な遺跡で、優品が採取される場所もある。

多数の墨書土器が出土しており、周囲に官衙《かんが》的な遺跡の存在が想定される。

DATA
岡崎市渡町

黒《くろ》笹《ざさ》90号《ごう》窯《かま》跡《あと》

↓P23

「内豎所」と線刻された破片や灰釉陶器とともに緑釉陶器の素地が多量に出土している。九世紀後半から一〇世紀初頭。近接する県史跡の黒笹7号窯跡(八〇〇年頃)では窯体をみることができる。

DATA
市指定 みよし市黒笹町

松《まつ》崎《ざき》遺《い》跡《せき》

↓P19

沿岸部において弥生時代以来、専用の土器を用いた製塩が行われている遺跡の代表例で、製塩土器片が層を成して出土する。平城京《へいじょうきょう》出土の木簡《もっかん》には知多《ちた》郡からの貢納品として塩の記載がある。

DATA
市指定 東海市太田町

大《おお》アラコ古《こ》窯《よう》跡《あと》

↓P25

一二世紀前半の、正五位下で三河守《みかわのかみ》であった藤原顕長《ふじわらのあきなが》の銘が入った短頸壺《たんけいこ》片《へん》が出土しており、生産地において操業年代の絞り込みが可能となった重要な遺跡として知られる。

DATA
国史 田原市芦町

本《ほん》多《だ》静《しず》雄《お》コレクション

猿投窯《さなげよう》の発見者で名古屋大学による組織的学術調査の先駆けとなった本多静雄のコレクション。

なかでも古陶磁類は日本陶磁史を語る重要な資料となっている。

DATA
(豊田市本多記念民芸の森 ↓P22、愛知県陶磁美術館 ↓P20)

4章 やきものでみる中世愛知

二〇一七年、日本遺産「きっと恋する六古窯—日本生まれ日本育ちのやきもの産地—」として、中世から現代まで続く焼き物の産地六カ所（瀬戸、常滑、越前、信楽、丹波、備前）が認定された。本章では、瀬戸窯、常滑窯を擁する、わが国屈指の伝統ある焼き物王国のすがたを中世窯業から概観したい。

武家の台頭と新たな陶器生産——一二～一三世紀

愛知県では猿投山《さなげやま》西南麓古窯跡群（通称「猿投窯」）が五～一四世紀にかけて操業しており、中世瀬戸窯、常滑窯の源流となっている。

猿投窯は名古屋市東部から尾張《おわり》、三河《みかわ》の国境にかけての丘陵地帯に分布する古窯群である。古代には日本屈指の規模を有する窯業地であり、とくに九世紀にはわが国では唯一本格的な白瓷《しらし》（灰釉《かいゆう》陶器）を国産高級陶器として量産した。中世初期の一二世紀には分布域の西端、名古屋市東山地区を中心に、瓦や経筒外容器《きょうづつがいようき》など特殊器種を焼造した。中世猿投窯の特殊製品は院政期の鳥羽離宮《とばりきゅう》をはじめ京都とその周辺に運ばれており、当地の国司《こくし》層と政権との関わりをうかがわせる。

古代猿投窯の瀬戸市域における操業は一〇世紀後半に、瓷器（施釉陶器）生産として始まった。一一世紀末には無釉陶器の碗皿類、通称「山茶碗《やまぢゃわん》」(「山茶椀」とも)生産に転じている。山茶碗は猿投窯をはじめとする東海地方の中世諸窯で生産され、当地方において流通した、当地に特有の粗製陶器である。とくに中世前半には量産されて、庶民層で用いられたようである。

一二世紀末になると、瀬戸窯において灰釉を施した製品の生産が始まった。中世施釉陶器の本格的な生産は、中世日本では瀬戸窯においてのみ展開した。中世瀬戸窯の施釉製品は、一般に「古瀬戸」と呼ばれる。成立期のおもな器種は、瓶子《へいし》、四耳壺《しじこ》、水注《すいちゅう》である。器形は当時の中国陶磁を祖形としている。当時、中国陶磁は舶来高級品であり、これをモデルとした古瀬戸製品は国産高級陶器として新興の武士や寺社など上層社会で受容された。中世初期、瀬戸は重宗《しげむね》流源氏の山田氏が管掌し、承久《じょうきゅう》

牡丹文経筒外容器。京都の有力者向けに特製された猿投陶製経筒(愛知県陶磁美術館所蔵) **県指定**

灰釉蕨手唐草文手付水注。古瀬戸中期水注の名品(愛知県陶磁美術館所蔵)

伊良湖東大寺瓦窯跡出土品。東大寺再建瓦を生産した(田原市博物館所蔵) **県指定**

の乱(一二二一年)から宝治《ほうじ》合戦(一二四七年)を経て北条氏による得宗《とくそう》政権が関与を深めたと推定されている。中世都市・鎌倉からは大量の古瀬戸製品が出土しており、瀬戸窯と鎌倉幕府との関係を示唆している。

知多《ちた》半島では、一二世紀に入るとまず山茶碗生産が始まり、次いで無釉焼締陶器の甕《かめ》、壺類の生産も始まった。一二世紀から一三世紀にかけて、焼成窯は知多半島全域に分布しており、当期の窯業地については「知多窯」とも称する。山茶碗は地産地消の製品であったが、甕、壺類は当期には日本列島太平洋側各地に流通している。中世前期には無釉焼締陶器の生産地は日本各地に成立したが、知多窯ほどの生産規模を有した産地はほかにない。当時は桶《おけ》、樽《たる》といった木製容器が普及する以前であり、陶製の壺甕類は、万能の貯蔵具、生産用具であったと思われる。近年では、甕、壺類が信仰や賞翫《しょうがん》の対象であったとする説も提唱されている。なお、知多窯においても初期には瓦が生産されており、京都の仁和寺《にんなじ》や法金剛《ほうこんごう》院《いん》で使用されている。

渥美《あつみ》半島では、一二世紀から一三世紀にかけて、半島各地で陶器生産が展開している。これを渥美窯と称する。半島には伊勢神宮の神宮領が分布し、一二世紀には経筒外容器、刻文《こくもん》陶器といった特殊品が制作されたほか、鎌倉時代の東大寺再建瓦の一部が焼造されている。絵画的な文様や蓮弁文《れんべんもん》、袈《け》裟襷文《さだすきもん》といった刻文陶器の生産は、同時期の他窯業地では限定的であり、王朝的な美を表す渥美窯の特徴といえる。渥美窯の製品は近畿から東日本太平洋側各地に流通しており、奥州平泉《ひらいずみ》(岩手県)における出土も知られる。

政権の交代と陶器生産の転換——一四世紀

いわゆる南北朝時代を含む当期は、政治社会のみならず、陶磁器生産においても変動の時代であった。猿投窯や渥美窯などの中世諸窯が操業を終了し、県内の窯業地は瀬戸窯、瀬戸に近接する藤岡窯、そして常滑窯に集約される。山茶碗の生産は、瀬戸窯では継続するが、常滑では生産終了し、生産の主力を甕、壺、鉢に集中させていく。窯業は設備産業であり、優れた陶土に恵まれた産地が量産体制を整えることによって、他産地に対して優位に立つことができる。これらの産地は、豊富な窯業資源を基盤としつつ、政治、経済や社会の変化に対応することによって、操業を発展させることができたのであろう。

瀬戸窯においては、一三世紀末から従来の灰釉に加え、鉄釉技術が用いられるようになった。この時期から一四世紀にかけての古瀬戸は「古瀬戸中期」に区分され、紐作り成形から轆轤《ろくろ》成形への転換が進んだほか、印花、画花、貼花《ちょうか》など器面装飾技術が発達した。また、一四世紀には、天目《てんもく》、茶入といった茶陶や、平碗など生活什器《じゅうき》の生産が始まっている。古瀬戸製品の受容層が従来の上層社会のみならず庶民層にも拡大し、より広範のユーザーを獲得するに至ったのである。この転換は、鎌倉幕府崩壊とほぼ同時期に進行していることは興味深い。

知多半島においては、半島全域に分布していた窯炉が、旧常滑町域の丘陵地に集中するようになり、名実ともに「常滑窯」が成立することとなった。当期から西日本において備前窯の製品が普及し、常滑窯製品の流通は東日本を中心としたものとなっていく。半島では前代まで国衙《こくが》領や荘園が設定されたほか、有力寺院が分布して当地の窯業に関与していたと推測されている。当期には三河一色《いっしき》氏が半島へ進出し、続く室町時代には半島全域を統治することとなったが、窯業生産との関わりは不詳である。

力強い鎌倉期古常滑の大甕(とこなめ陶の森所蔵) 市指定

庶民の台頭と生産のアップデート――一五世紀

一四世紀末から一五世紀にかけて、中世瀬戸施釉陶器は「古瀬戸後期」に区分される時代に入った。茶陶類で国産高級陶器としての生産を展開する一方、碗皿類や擂鉢《すりばち》など日用什器を量産している。灰釉、鉄釉ともに安定した発色を示すが、前代にみられた豊かな文様装飾は姿を消す。当期の瀬戸地域には尾張国衙領が散在し、守護領国体制下において古瀬戸生産が展開したと推測されている。一五世紀中頃には現在の瀬戸市域を超えて、美濃《みの》(岐阜県土岐市)、藤岡《ふじおか》(愛知県豊田市・旧藤岡町)、志戸呂《しとろ》(静岡県島田市・旧金谷町)に「古瀬戸系施釉陶器窯」が成立するが、これは国衙領における窯業生産者の「逃散《ちょうさん》」であったと評価する意見もある。

常滑窯では、前代から半島沿岸部の集落に近接して窯が立地したほか、当期には半地上式窯炉の出現が推測され、近世的な窯業生産へ移行しつつあったと思われるが、詳細は不詳である。知多・常滑窯の甕類は、生産初期の平安末期には口縁《こうえん》、胴部ともに器壁が薄かったが、鎌倉時代以降は器壁が厚くなって堅牢《けんろう》性を高めた。こうした貯蔵、生産容器としての実用性を高める傾向は、室町時代にも継続している。

領国経営と近世陶磁の胎動――一五世紀末～一七世紀初

古代から中世にかけて、当地方における陶器焼成には一般に「窖窯《あながま》」と呼ばれる、丘陵の傾斜地を地表に沿って掘り、トンネル状に構築された半地下式ないし地下式の単室窯が用いられてきた。中世瀬戸窯において窖窯は、当時の集落から離れた山中に立地していた。一方、一五世紀中頃には、窯が集落に近接して設けられるようになり、次いで「大窯《おおがま》」と称する、半地上式の単室窯へと窯形式が転換した。職住近接型の生産体制と大量生産を可能とする窯業技術が確立し、近世窯業の初源的な姿が現れたと推測される。戦国期において本邦の大規模窯業地は瀬戸・美濃、常滑、越前、信楽・伊賀《いが》、丹波、備前の六カ所に限定されることから、当期は「六古窯の時代」とも呼ばれる。当地には六古窯のうち二窯が所在し、戦国期陶業の中核的な存在であったといえる。

窯業考古学においては、当期の瀬戸窯は県境を挟んで隣接する岐阜県の美濃窯と一体的にとらえて、「瀬戸・美濃窯」と称している。また、戦国期に窯炉「大窯」が成立し、江戸時代初期に新たな窯炉「連房式登窯《れんぼうしきのぼりがま》」が導入されるまでの間を「大窯期」として時代区分している。中世瀬戸窯において主要器種であった四耳壺《しじこ》、瓶子、水注や平碗は、大窯期には姿を消し、替わって碗、皿、擂鉢が主力製品として量産されるようになった。「窯大将」と称する窯業生産者組織が成立し、在地領主層が関与していたと推測されている。近年では瀬戸市「桑下《くわした》城」および「桑下東窯」の発掘調査事例のように、戦国城館と大窯が隣接して築かれる姿も明らかになっている。

愛知県内のおもな中世窯業生産地（『愛知県史 別編 窯業2 中世・近世瀬戸系』P13掲載図を元に作成）

大窯期は、大きくは前半期、後半期に二分してとらえられている。おおむね安土桃山時代に相当する大窯期後半、一六世紀後葉には、瀬戸市域における窯炉の存在が確認できず、岐阜県土岐市など岐阜県東濃地域において陶器生産が展開したようである。この現象は、当地において「瀬戸山離散」と呼ばれる。かつては戦国の戦乱にともなう陶工の流出と解されてきたが、近年は織田信長による産業経済政策の一環としての陶工の移動と評価されつつある。瀬戸市域における陶器生産の再開は、江戸時代初期における尾張藩と名古屋城下町の成立を待たねばならなかった。

知多半島は室町時代の一色氏による支配期を経て、続く戦国期には常滑水野氏ほか複数の国人《こくじん》が群雄割拠する状況となった。常滑では焼締陶器の甕壺類のほか素焼状製品の焼造を開始しており、江戸時代常滑焼における「真焼《まやけ》」(焼締)、「赤物《あかもの》」(素焼状)区分の初源的な姿が現れている。

分業的に展開されていた県内の陶器生産

中世瀬戸窯と知多窯・常滑窯は、ともに古代猿投窯を技術的な源流とするが、それぞれの地域において産出する陶土の性質が異なることから、前者では比較的小型の施釉陶器、後者では大型の無釉焼締陶器を特徴的に生産した。

いわば県内において分業的に陶器生産を展開したといえる。社会と技術の変化にしたがって、陶器生産の様相は変化したが、瀬戸焼、常滑焼は風土に根差した伝統的な地域文化資源として、現代愛知に息づいている。

(小川)

瀬戸窯跡《せとかまあと》（小長曽陶器窯跡《こながそとうきかまあと》）

↓P20

古瀬戸後期の陶房遺跡

一九四六年（昭和二十一）、瀬戸市内では初めての学術調査として窯体が発掘調査された。また、二〇世紀末から二一世紀初めにかけて断続的に、窯体周辺を含めた発掘調査が行われた。この調査では、窯体に隣接して工房跡が検出されている。基本的には、一四世紀末から一五世紀初頭にかけて古瀬戸を焼成した古窯跡であるが、江戸時代の一六九九年（元禄《げんろく》十二）頃に窯体を改造して再利用されている点が特異である。一九七一年に「小長曽陶器窯跡」として国指定史跡となり、二〇一五年に「瀬戸窯跡（小長曽陶器窯跡）」へ名称変更された。

瀬戸市提供

DATA

国史 瀬戸市東白坂町

大御堂寺《おおみどうじ》

↓P19

源頼朝の父、義朝最期の地

平治《へいじ》の乱（一一五九年）で敗れた源義朝《みなもとのよしとも》が身を寄せたのが、当地の長田忠致《おさだただむね》であった。しかし、忠致・景致《かげむね》父子は、湯殿にて義朝を暗殺する。その後、義朝の墓地に対して水田寄進や伽藍《がらん》建立がなされ、一一九〇年（建久《けんきゅう》元）には頼朝《よりとも》による墓参も行われたという。一二世紀は知多《ちた》窯（常滑《とこなめ》窯）の興隆期であり、寺院に関わる仏師や僧侶が瓦や陶器の生産に関与していたのかもしれない。現在は寺域が史跡指定されている。客殿、本堂、山門も存在するが、これらは江戸期の所産である。義朝墓所の宝篋印塔《ほうきょういんとう》の周りには、大量の木太刀《きだち》が奉納されている。

大御堂寺境内の源義朝の墓（美浜町提供）

DATA

県指定 美浜町大字野間

東山《ひがしやま》101号《ごう》窯《よう》

→P18

中世猿投窯《さなげよう》東山地区の古窯跡。山茶碗《やまぢゃわん》を量産したほか、四耳壺《しじこ》や仏器、瓦類を生産。

窯体は東山植物園内で現地保存公開されている。

DATA 名古屋市千種区田代町

南山《みなみやま》8・9号《ごう》窯《よう》

→P20

古代猿投窯瀬戸地区の瓷器および中世瀬戸窯における山茶碗の古窯跡。一一～一四世紀にかけての合計五基が、現地愛知県陶磁美術館の古窯館で保存公開されている。

DATA 瀬戸市南山口町

陶彦社《すえひこしゃ》

→P20

深川神社の境内社である陶彦社は、瀬戸の陶祖といわれる、加藤四郎左衛門景《かとうしろうざえもんかげ》正《まさ》を祀る。

深川神社には、陶祖ゆかりとされる陶製狛犬（重文）が伝えられている。

DATA 瀬戸市深川町（深川神社内）

籠池古窯《かごいけこよう》

→P19

知多窯の古窯跡。三号窯と九号窯が現地で保存公開されている。

壺・甕《かめ》の焼成窯で、三号窯は一二世紀前半、九号窯は一三世紀第2四半期に操業した。

DATA 県指定 常滑市久米

伊良湖東大寺瓦窯跡《いらごとうだいじがようせき》

→P25

渥美《あつみ》窯の古窯跡。鎌倉時代の僧重源《ちょうげん》による東大寺大仏殿再建の際に使われた瓦を生産した。

瓦経や陶製経筒《きょうづつ》が出土した古窯としても希少。

DATA 国史 田原市伊良湖町

鏡岩下遺跡出土品《かがみいわしたいせきしゅつどひん》

→P24

国名勝及び天然記念物に指定される鳳来寺山《ほうらいじさん》の断崖絶壁「鏡岩」の下では、中世経塚、中世墓、中近世埋鏡が展開しており、県内産の古陶磁が多く出土している。

DATA 市指定 鳳来寺（新城市門谷）所蔵

コラム

もっと知りたい！　深掘り愛知県史②

先人たちの「知」の拠点　愛知の文庫

尾張藩と文庫

名古屋市の大須観音《おおすかんのん》（北野山真福寺宝生院《きたのさんしんぷくじほうしょういん》。中区大須）本堂内陣《ないじん》の下には、『古事記《こじき》』をはじめ国宝四点、『尾張国《おわりのくに》解文《げぶみ》』『将門記《しょうもんき》』など国重要文化財三七点を含む約一万五〇〇〇点の典籍《てんせき》を伝える真福寺大須文庫が所在する。寺と文庫は南北朝時代（一四世紀）のころ、尾張国中島郡《なかしまぐん》大須庄《しょう》（現岐阜県羽島市）で創建され、仏典のほかにも歴史書など多くの書物を擁したことから、中世を通じて真言宗《しんごんしゅう》の知の拠点となっていた。

蔵書家でもあった徳川家康は、木曾川《きそがわ》の氾濫地帯という立地を危惧し、一六一二年（慶長《けいちょう》十七年）に、名古屋城下町の整備にあわせ寺と文庫を現在地に移した。これ以降、文庫は、尾張藩の寺社奉行の保護の下で、目録の作成や補修などが継続されるとともに、書誌学研究の対象ともなり、収蔵する『古事記』が現存最古の写本であることが解明された。また、昭和に入ると、東京帝国大学教授黒板勝美《くろいたかつみ》の調査と助言にもとづき、当時最新の収蔵庫を整備したことにより、第二次世界大戦中の空襲で主要伽藍《がらん》が灰塵《かいじん》に帰したなか、蔵書を救い今日に伝えることができた。

一方、尾張藩には、書物奉行が管理した「御文庫《ごぶんこ》」があり、ここには、初代藩主徳川義直《よしなお》が父家康の遺産として受け継いだ金沢《かねさわ》文庫由来の『続日本紀《しょくにほんぎ》』（国重文）などの「駿河《するが》御譲本《おゆずりぼん》」に加え、歴代藩主の蔵書なども収められていた。これらの典籍と藩政関係資料は、一九三五年（昭和十）に一九代当主義親《よしちか》により「蓬左《ほうさ》文庫」として公開され、名古屋市博物館の分館として引き継がれている。

町人たちの文庫

羽田《はだ》八幡宮文庫は、一八四八年（嘉永《かえい》元）、三河《みかわ》国渥美《あつみ》郡羽田村（現豊橋市）の羽田八幡宮の宮司で、国学者平田篤胤《ひらたあつたね》の門人でもあった羽田野敬雄《はだのたかお》を中心に創設された。この文庫には、おもに吉田の旦那衆が資金を提供するとともに、幹事として運営に携わり、書庫のほか、閲覧室、講義室を備え、館外への貸出制度も整えるなど、町人たちの知の拠点となっていた。その蔵書には、吉田藩主松平信古《まつだいらのぶひさ》や水戸藩主徳川斉昭《なりあき》、さらには公家の大納言《だいなごん》三条実万《さんじょうさねつむ》（実美《さねとみ》の父）からの寄贈本もあり、知を欲した彼らの地域や身分を超えたネットワークをかいまみることができる。

羽田野の没後には蔵書の散逸もあったが、支援者によりその多くが買い戻されたのち、豊橋市が購入したことにより、一九一二年（大正元）に創設された市立図書館に収められている。今日では、信長、秀吉、家康らの書簡類や旧蔵図書だけでなく、保管用の書函、貸出箱なども含めた九二〇〇点が「羽田八幡宮文庫旧蔵資料」として市指定文化財となり、書庫も建造物として国登録有形文化財となっている。

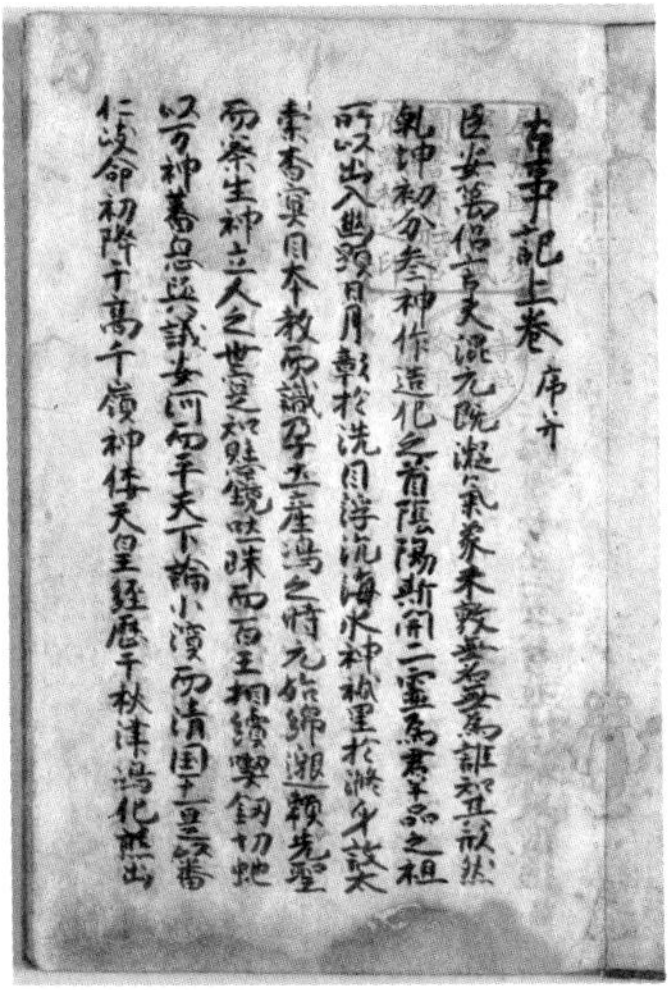
古事記上巻 序并
臣安萬侶言夫混元既凝氣象未效無名無為誰知其形然
乾坤初分参神作造化之首陰陽斯開二霊為群品之祖
所以出入幽顕日月彰於洗目浮沈海水神祇呈於滌身故太
素杳冥因本教而識孕土産嶋之時元始綿邈頼先聖
而察生神立人之世寔知懸鏡吐珠而百王相續喫劒切蛇
以万神蕃息與議安河而平天下論小濱而清国土是以番
仁岐命初降于高千嶺神倭天皇経歴于秋津嶋化熊出

真福寺本『古事記』（上巻并序。大須観音宝生院〈真福寺〉所蔵）国宝

旧羽田八幡宮文庫（豊橋市。羽田八幡宮提供）登録

文庫の創設には、多大の努力が必要であるが、維持にも、その価値を理解する人々の不断の営みが必要であった。今に伝えられた知の集積を享受する者としては、先人の業績に畏敬の念を抱かざるをえない。（梅本）

5章

信長と家康を支えた拠点城郭

清須、小牧、名古屋、岡崎――。尾張、三河を領国とした戦国大名から、やがて天下人となった織田信長や徳川家康が、地域支配の拠点とした城郭は、石垣や縄張りといった築城上の技巧以前に、その選地自体が重要であった。

拠点城郭の要件

戦国時代の大名たちが、その本拠とする城郭に求めた要件は何であったろうか。まず、第一は、軍事的な防御力であり、山上や段丘上が要害の地として選択され、家臣団の居住地とも、土塁や堀で一線を画することが一般的であった。

次に必要とされたのは、安定した城下町用地であった。鉄砲などの軍需物資を確保するためには、経済力が不可欠であり、それを担う商人たちに活動と居住の場を提供することは領主の義務でもあった。

第三には、その経済活動を支える物流インフラとなる。現代の物流は、距離を問わずトラックが主力となるが、それ以前は鉄道の役割が大きく、近世以前においては、海、河川の水運が主体であった。近世の交通手段は、五街道のような陸路のイメージが強く、大名の参勤交代にも利用されたが、それは、あくまで人や馬の往来が前提であり、情報の伝達には有効であったが、経済活動を支える「物流」の主体とはなりえなかった。

　領国の生産力の指標となる米穀を例にすると、人力による運搬は一俵(約六〇キロ)が限界であり、荷馬を使うとしても二俵止まりとなる。荷車を用いれば、数俵程度は可能となるが、隘路《あいろ》や河川などが障害となり、市街地内での利用にとどまらざるをえなかった。一方、水運の場合、一般的な川舟であっても、数十俵単位の輸送ができ、大河や海に面すれば、さらに大きな船の運用も可能であった。

　地域支配のための拠点城郭には、防衛力を担保できる要害地形と城下町を形成できる平坦地、物流を確保できる内湾もしくは河川の存在が必須要件であり、どの要素が重視されたかによって、その特徴と限界をみることができる。

前期清須城(信長期)の堀と模擬天守(右上は五条川。清須市教育委員会提供)

織田信長の清須城と小牧への移転

　清須《きよす》城(清須市)は、室町幕府の管領《かんれい》を務め、尾張《おわり》国の守護《しゅご》職を兼ねた斯波《しば》氏によって築かれ、のちに守護代の織田《おだ》氏の一族であった信長が居城とした。発掘調査の成果などを参考にすると、当時の城は、「清洲《きよす》古城跡公園」のある五条川の西側ではなく、対岸に建つ模擬天守に近い場所に、一辺が二町(約二一八メートル)程度の二重の堀に囲まれた方形の城館があり、周囲に城下町が展開していたようである。これらは、比較的安定した自然堤防上に位置するものの、その標高は五メートルほどであり、有事には防御ラインとなる城外との比高差もわずかであった。信長としては、防衛力の強化と、城下町の拡大を図るためには、伊勢《いせ》湾に通じる五条川の水運に恵まれ、尾張の中心都市として繁栄していた清須からあえて拠点を移さざるをえなかったといえる。

信長が移転先としたのは、小牧山《こまきやま》(小牧市。国史跡)であった。小牧は、清須から犬山、木曾谷方面へと続く街道の経由地であり、今日では、東名・名神高速道路と中央道の結節点ではあるが、当時においては、とくに要衝とされる地ではなかった。しかし、これにより、信長は、比高差六五メートルほどの独立した丘陵上に主郭を構えるとともに、その山麓に家臣団の屋敷地と広い城下町を展開するという配置が可能となり、美濃《みの》攻略の拠点とすることができた。

小牧山への築城については、家臣であった太田牛一《おおたぎゅういち》が著した『信長公記《しんちょうこうき》』の首巻に「二宮山御こしあるべき之事」として、信長の機転を利かせた移転計画が紹介されている。同書によれば、あるとき、信長が二宮山(尾張国二の宮である大縣《おおあがた》神社〈犬山市〉奥宮のある本宮山《ほんぐうさん》〈二九三メートル〉)に登り、築城を指示したため、家臣たちが大慌てしたところ、のちに、移転先を小牧山へと変更したため、「小牧山へは、麓まで川続きにて、資材、雑具等取候に自由の地にて候なり」として安堵《あんど》して従ったという。現代風に解釈すれば、引っ越しにあたり、距離的にも遠く(直線距離で約一八キロ)、軽トラックの利用さえも難しい二宮山に比べると、半分ほどの距離で少なくとも、二トン車クラスの川舟の利用が期待できる小牧山は、段違いに便利な場所であったということであろう。

ところが、「川続き」とされたのは、五条川支流の巾下川《はばしたがわ》であり、清須を流れる本流ほどの舟運能力は期待できないことから、商業活動にはかなり制約となったと思われる。おそらく、信長もこの水運インフラには限界を感じており、その後は、岐阜城（岐阜市）と長良川《ながらがわ》、安土城《あづち》（滋賀県近江八幡市）と琵琶湖《びわこ》のように、物流を支える水運を重視している。

小牧山はこの後、一五八四年（天正《てんしょう》十二）の小牧《こまき》・長久手《ながくて》の戦いに際して、秀吉軍に対峙《たいじ》するため、徳川家康が改修し本陣としたものの、それは、戦時の城としての利用であり、尾張徳川家の居城となることはなかった。

織田信雄による清須城改修とその限界

本能寺《ほんのうじ》の変（一五八二年）の後、尾張と伊勢、伊賀《いが》の一部を領有した信長の次男信雄《のぶかつ》は、伊勢長島《ながしま》（三重県桑名市）に居城を構えるが、一五八五年（天正十三）年十一月の天正大地震の後、清須に居城を移し、惣構《そうがまえ》の城郭に大改修を行ったことが知られている。改修後の城は、江戸時代の絵図に加え、近年の発掘調査の成果から、かなり具体的に復元することができるが、その縄張りは、南北二・五キロ、東西一・五キロにもおよび、国内屈指の規模となっている。三重の堀で囲まれた城郭は、五条川の水運を最大限に活用できる構造となっており、一〇〇万石を超えたとされる領国の拠点としてふさわしい姿となっていた。

後期(信雄の改修後)の清須城の遺構と出土品。上から、城を廻る三重の堀のうち「中堀」と五条川、本丸東側の五条川沿いで出土した石垣(ともに〈公財〉愛知県教育・スポーツ振興財団愛知県埋蔵文化財センター提供)、金箔押桐文鬼瓦(清須市教育委員会所蔵。愛知県提供)

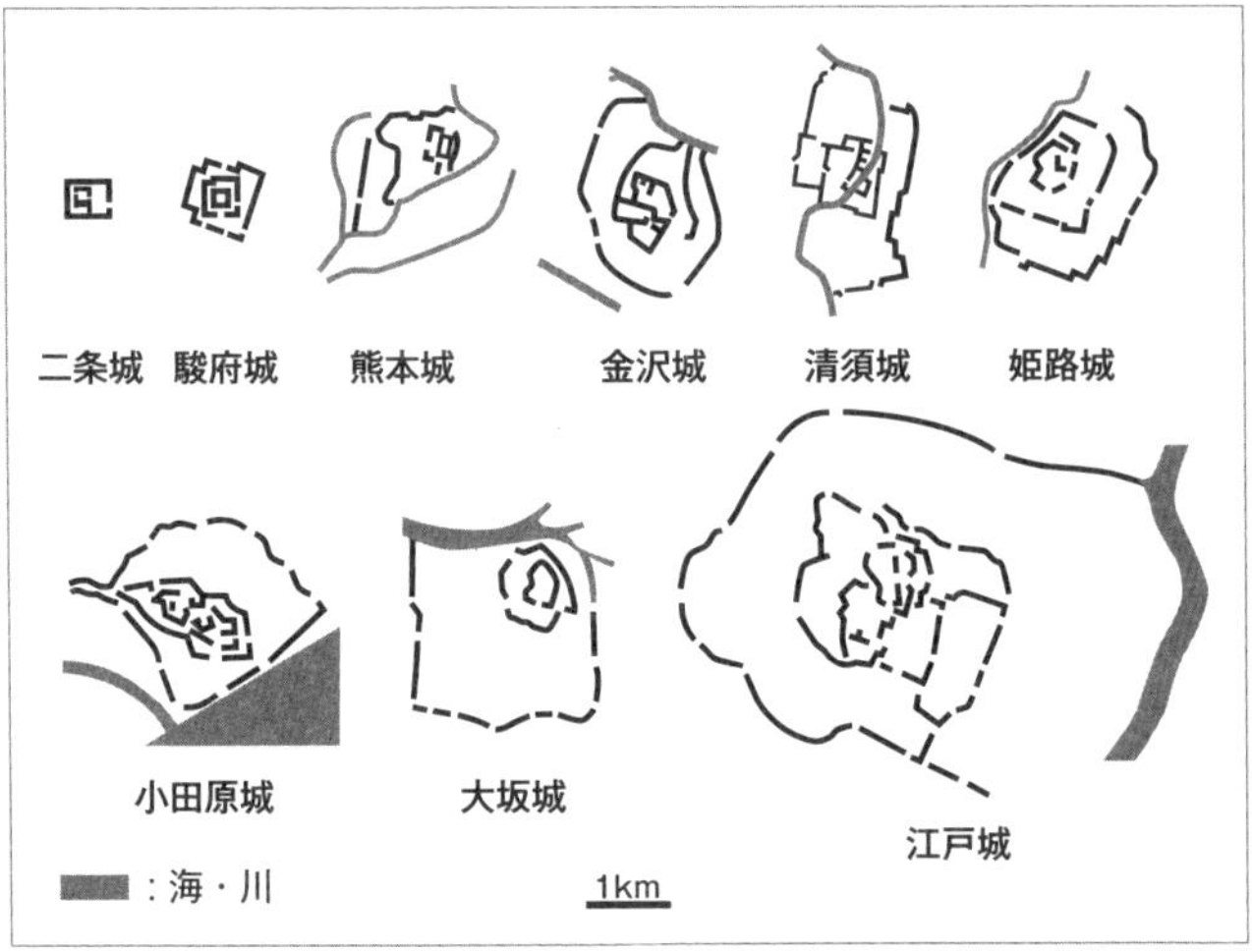

主要城郭の規模の比較（筆者作成）

しかし清須の地形自体は変わるものではなく、信長が断念した城下町の拡大も、自然堤防の外まで惣構に取り込み用地を確保するなど、不安定な土地利用となってしまった。この結果、信雄の清須城は、のちに幕府が慶長《けいちょう》年間（一五九六～一六一五年）の各地の動向を記録した『慶長見聞録案紙』では、「砂土ニテ土居崩レ堀埋リ成就セズ。其上、井ノ水出ズ上下承引無之」と評されている。砂土のため、土居は崩れ、堀は埋まりやすく、後背湿地にまで拡大した城下町に掘られた井戸の水は、鉄分を多く含み、茶の湯を嗜《たしな》む家臣や町人にも不評であったようである。さらに同書によれば、一六〇九年（慶長十四）八月には五条川が氾濫《はんらん》したとされ、のちに「清須越」と称された名古屋移転が行われた。

一方、廃城後の清須は、五条川の改修や新川の掘削により治水が図られたこともあり、自然堤防に沿う美濃街道の宿場町としてにぎわうこととなる。

徳川家康の名古屋城と岡崎城

駿河《するが》で大御所として実権を掌握していた家康は、一六〇七年(慶長十二)に清須城で尾張を治めた四男の松平忠吉《まつだいらただよし》が没すると、九男の義直《よしなお》を封じ、その居城を名古屋へと移す。この地は戦国時代には「那古野」と記され、城の北、西側では比高差が一〇メートルを超える要害の地であり、当初、今川氏《いまがわ》の城であったものを信長の父信秀《のぶひで》が奪い、信長も居城とし、のちに清須へと進出した経緯がある。

築城にあたり、家康は、那古野城時代に欠けていた水運の便を確保するため、福島正則《ふくしままさのり》らに命じて、城と熱田湊《あつたみなと》を直結させる運河として、延長六キロ余の堀川を開削させ、城郭、城下町と物流を担う水運について、ほぼ理想に近い姿に整備した。家康が完成させた名古屋城と城下町は、近世を通じてその地位を保ちつづけ、碁盤割りをはじめとする都市基盤は、今日もその価値を失っていない。

一方、三河時代に家康が拠点とした岡崎城(岡崎市)は、矢作川《やはぎがわ》左岸の河岸段丘に位置しており、城下の川湊からは、矢作川を経由して、衣浦湾《きぬうら》に面した刈谷城《かりや》(刈谷市)、三河湾を望む渥美《あつみ》半島の田原《たはら》城(田原市)、豊川沿いの吉田《よしだ》城(豊橋市)など三河の主要城郭とは舟運による往来が可能であった。岡崎の城下町は、近世に入ってからも、東海道有数の宿場町であると同時に、矢作川の東西両岸に土場《どば》(船着場)を有する湊町として、三河を代表する都市としてにぎわった。

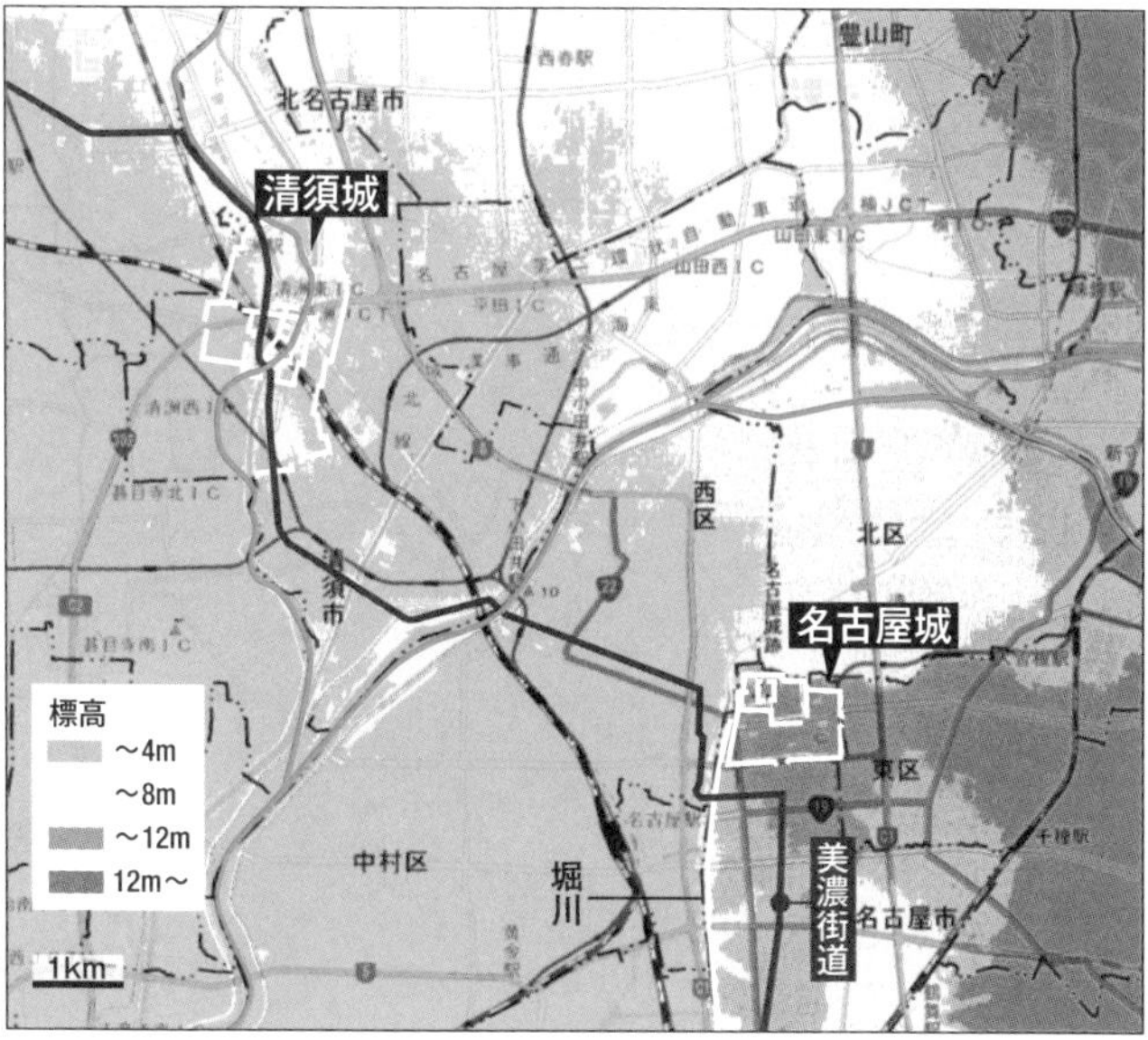

清須城と名古屋城の立地と縄張り（国土地理院地図をベースに筆者作成）

戦国大名たちの遺産

信長、家康をはじめ、各地の戦国大名たちが築いた拠点城郭の多くは、近世に引き継がれ、その城下町は地域の中心都市となった。また、近代以降も、城郭部分は、景観を活かした公園となり、重臣たちの屋敷地は官庁や学校用地、町屋は商業地として、現代に至るまでその遺産を継承している地方都市も多い。

しかしながら、城下町の物流に不可欠とされた水運施設は、戦後の復興期までは、その役割を果たしていたものの、現在では大半が忘れ去られている。物流をトラック輸送に依存しつつ、その限界が課題となるなか、水運が再び注目されてもよいのではないだろうか。（梅本）

犬山城跡《いぬやまじょうあと》

文化財として三重の指定を受けた城

→P20

美濃《みの》国との国境となる木曾川左岸の、標高八八メートルほどの丘陵上に位置する。北側は急崖の要害地形となり、開けた南側に城下町が展開し、川湊が設けられた。

当初、織田氏の城として築かれ、江戸時代には尾張《おわり》藩の附家老であった平岩親吉《ひらいわちかよし》、次いで成瀬《なるせ》氏の居城として、尾張部では名古屋城以外で唯一の城郭として維持された。

天守は近世以前に建造された一二カ所のうちの一つとして国宝となり、城跡は国の史跡、さらに、川から望む天守と城跡の景観は、国名勝「木曾川」の一部を構成している。

犬山城天守（犬山城提供）国宝

DATA　国史　国名　犬山市犬山

長篠城跡《ながしのじょうあと》

戦いの終焉とともに、役割を終えた城

→P24

宇連川《うれがわ》と豊川の合流地点に位置し、主郭の東、南、西側は急崖の要害地形となり、北側には、深い堀と巨大な土塁を構える。徳川家康は、甲斐《かい》武田氏の進出に備え一五七五年（天《てん》正《しょう》三）に奥平信昌《おくだいらのぶまさ》を城代として置くとともに大改修を行い、同年の長篠・設楽原《したらがはら》の合戦では、武田軍の猛攻に耐え、織田・徳川軍の勝利に貢献した。

しかし合戦後、奥平氏は、領地経営の拠点として、城下町を整備できる平坦地と豊川の水運を確保するため、下流の河岸段丘上に新城《しんしろ》城を築き居城を移し、廃城になったとされる。郭内に長篠城址史跡保存館がある。

新城市長篠城址史跡保存館提供

DATA　国史　新城市長篠

大高城跡《おおだかじょうあと》

↓P18

知多《ちた》半島の基部に位置し、かつては伊《い》勢《せ》湾に面していた。桶狭間《おけはざま》の戦いに際して家康が「兵糧入れ」を行ったことで知られ、城跡からは、織田方の丸根《まるね》砦、鷲《わし》津《づ》砦を望むことができる。

DATA 国史 名古屋市緑区大高町

刈谷城跡《かりやじょうあと》

↓P23

家康の生母於大《おだい》の実家である水野《みずの》氏の居城。衣浦《きぬうら》湾の最奥部に位置し、海に面する西側の腰曲輪《こしぐるわ》には舟着を有していた。城跡は亀城《きじょう》公園となっており、隣接して刈谷市歴史博物館がある。

DATA 刈谷市城町

西尾城跡《にしおじょうあと》

↓P23

内陸の標高九メートルほどの台地上に立地し、城下町と、矢作川《やはぎがわ》に設けられた西尾藩の外港の平坂湊《へいさかみなと》とは、三・五キロほど離れていたが、平坂街道で結ばれていた。

DATA 市指定 西尾市錦城町

吉田城址《よしだじょうあと》

↓P25

豊川に面した本丸に、天守に相当する三重の鉄櫓《くろがねやぐら》を設けており、その直下の腰曲輪に舟入《ふないり》、三の丸に水門など、舟運のための施設を有していた。郭内に豊橋市美術博物館がある。

DATA 市指定 豊橋市今橋町

田原城跡《たはらじょうあと》

↓P25

三河湾の奥、田原湾に面した丘陵上に、一四八〇年(文明《ぶんめい》十二)頃、戸田《とだ》氏が三河湾支配の拠点として築城したとされ、近世には三宅《みやけ》氏の居城となっていた。郭内に田原市博物館がある。

DATA 田原市田原町

名古屋鉄道瀬戸線堀川駅跡《なごやてつどうせとせんほりかわえきあと》

↓P18

瀬戸の陶磁器を、堀川経由で名古屋港に輸送することを意図し、一九一一年(明治四十四)に名古屋城外堀南西端の堀川隣接地に設けられたが、一九七六年(昭和五十一)に廃止された。

DATA 名古屋市中区丸の内

6章 東海道をゆく──城・城下町と宿場町のにぎわい

関ケ原合戦(一六〇〇年)に勝利した家康は豊臣方との決戦を控え、江戸と上方の交通網の整備に着手した。一六〇一年(慶長六)に東海道を定め、江戸・日本橋から京・三条大橋までの間に五三の宿場(五十三次)を随時、設置していった。三河・尾張の東海道には九つの宿場が設置された。

三河の東海道の宿場のにぎわい

三河《みかわ》に入って最初の宿《しゅく》は江戸から七二里三丁(約二八三キロ)、三三番目の宿、二川《ふたがわ》である。当初は二川村・大岩村《おおいわ》の両村がともに宿場の役割を果たしていたが、一六四四年(正保元《しょうほう》)に両村は統合され二川宿が成立した。町並には国・市指定文化財や登録文化財の建物が現存する。市指定の本陣《ほんじん》、旅籠《はたご》清明屋《せいめいや》、商家駒屋《こまや》は公開されている。とくに東海道中に二カ所しか現存していない本陣のなかの一つが二川宿の本陣であり、二川宿本陣資料館が併設されている。

西へ一里二〇丁(約六・一キロ)、吉田宿《よしだ》へ入る。ここは吉田藩の城下町である。吉田(現豊橋)は豊《とよ》川《かわ》と三河湾に臨む湊《みなと》町でもあり、古くから交通の要衝であった。江戸に入って有力な譜代《ふだい》大名である竹谷松平《たけのやまつだいら》家・深溝《ふこうず》松平家・水野《みずの》家・久世《くぜ》家・小笠原《おがさわら》家などが藩主となり、三万石から八万石の城下町として栄えた。太平洋戦争の空襲で江戸の町並は焼失したが、城の南側に町名や道筋に東海道の面影が残っている。歌川広重《うたがわひろしげ》の浮世絵をみると、吉田城から臨む豊川に架かる吉田大橋が描かれている。

西へ二里一六丁(約一〇・五キロ)、御油《ごゆ》宿に至る。次の赤坂《あかさか》宿までの距離が一八丁(約二キロ)しかなく、東海道中最短であり江戸後期には両宿合わせて旅籠が一二四軒もあったため、両宿間では浮世

二川宿本陣表門(豊橋市二川宿本陣資料館提供) 市指定

上:歌川広重『東海道五十三次』のうち「吉田 豊川橋」
下:同上のうち「御油 旅人留女」(ともに国立国会図書館所蔵)

大橋屋(旧旅籠鯉屋)正面(豊川市教育委員会提供) 市指定

絵にも描かれた客引きがさかんに行われていたようである。御油宿・赤坂宿間には江戸の景観を色濃く残す御油の松並木がある(36ページ参照)。両宿の道筋は当時のままであり、御油宿には松並木資料館、赤坂宿には宿場資料館があるほか、江戸の初めから平成まで営業を続けた市の指定文化財である大橋屋《おおはしや》(旧旅籠鯉屋《こいや》)が公開されている。

赤坂宿から西へ二里九丁(約七・七キロ)で藤川《ふじかわ》宿に至る。脇本陣跡の門(市史跡)が現存し、藤川宿資料館がある。西端には松並木(県天然記念物)があり、九丁(約一キロ)の間に約九〇本の松がみられる。西へ約一里(約三・九キロ)に、南塚のみが残る国史跡大平《おおひら》の一里塚《いちりづか》がある。

西へ一里二五丁(約六・六キロ)、岡崎《おかざき》宿は家康が生誕した地であり、矢作川《やはぎがわ》・乙川《おとがわ》の袂《たもと》の交通の要所、かつ五万石の岡崎藩の城下町である。有力譜代大名の本多《ほんだ》家、水野家などが藩主となった。

岡崎城の建物と石垣の一部は明治時代に破却《はきゃく》され、城内は岡崎公園となったが、一九五九年(昭和三十四)に天守《てんしゅ》が復興され、一九九三年(平成五)には大手門《おおてもん》も再建されている。

城下町の北の丘陵上には徳川家の菩提寺《ぼだいじ》である大樹寺《たいじゅじ》がある。ここには松平家の初代親氏《ちかうじ》から八代広忠《ひろただ》までのものと一五代慶喜《よしのぶ》を除く歴代徳川将軍の等身大といわれる位牌《いはい》が安置されている(位牌堂にて一般公開)。寺からは三門《さんもん》(県指定)、総門《そうもん》を通して岡崎城を望むことができる。町並は近代以降の市街化や太平洋戦争末期の空襲で喪失しているが、城の北側の郭内で街道筋が連続して屈曲する「二七曲り《にじゅうななまがり》」と呼ばれる道筋が江戸の景観を偲ばせる。

岡崎宿の西には矢作川が流れ東海道の設定にと

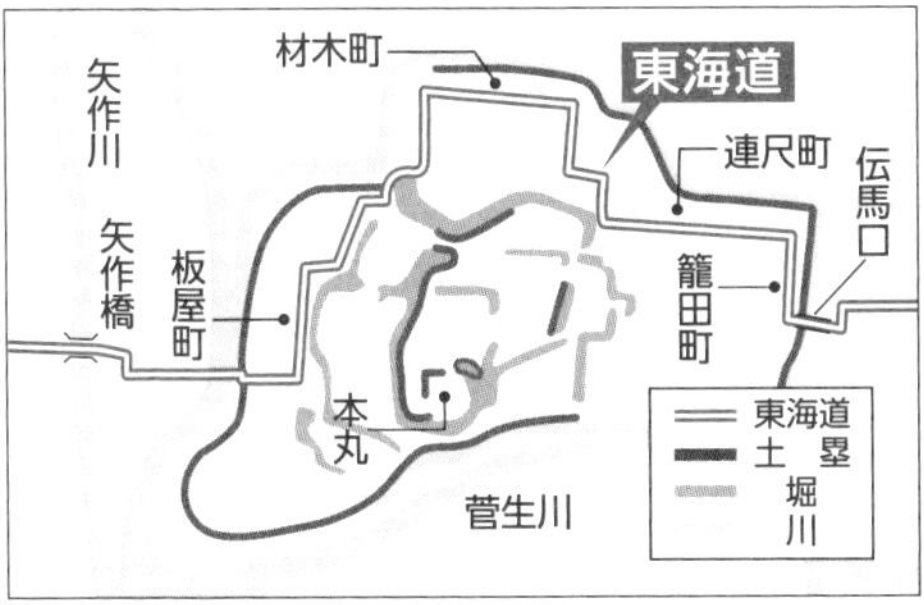

岡崎城の外側を通る東海道の「二七曲がり」(『新編岡崎市史3〈近世〉』掲載図を元に作成)

歌川広重『東海道五十三次』のうち「岡崎　矢矧(やはぎ)之橋」(国立国会図書館所蔵)

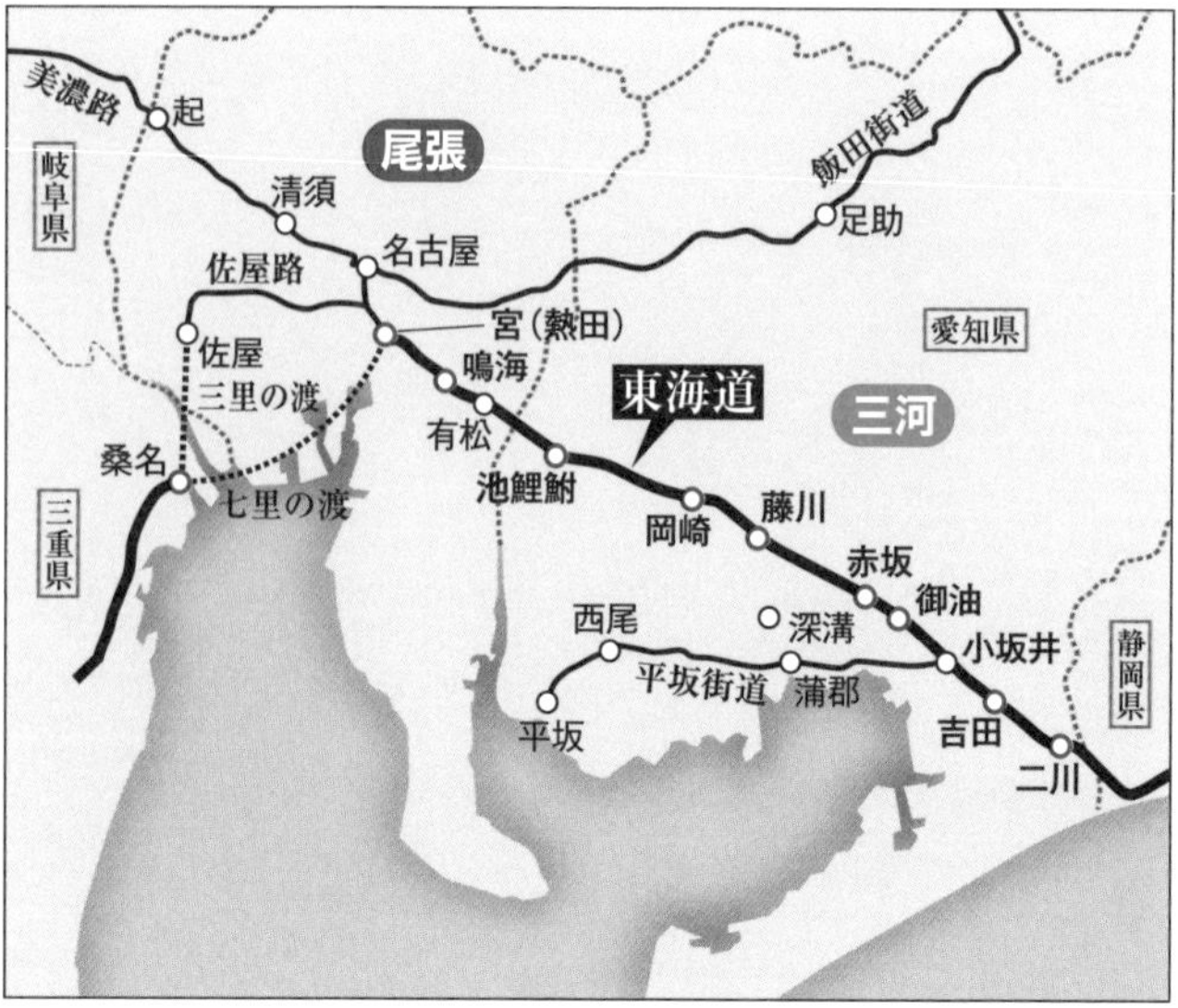

愛知県内の街道概略図(『時を旅する　愛知の街道』収録図を元に作成)

もない一六〇一年(慶長六)には土橋の矢作橋が架けられ、一六三四年(寛永十一)には長さ二〇八間(約三七八メートル)の本格的な木橋となった。その規模は当時、日本随一の長さであったといわれる。元来、東海道には相模《さがみ》・駿河《するが》・遠江《とおとうみ》の酒匂川《さかわがわ》・安倍川《あべかわ》・大井川《おおいがわ》などには橋はなく、輿《こし》や肩車に乗って渡河していたが、先の吉田大橋とともに三河内では豊川・矢作川のような大河でも架橋があり、川留めなどで人の往来や物流を煩わせることはなかった。

池鯉鮒《ちりゅう》宿に入る前にある来迎寺《らいごうじ》(知立市)の一里塚(県史跡)は本来の姿である二つの塚が街道の両側に残る。さらに西に向かうと、在《あり》原業平《わらのなりひら》の伝説で名高い八橋《やつはし》無量寿寺《むりょうじゅじ》(知立市)へ誘う一六九六年(元禄《げんろく》九)の道標がある。それを過ぎると、知立《ちりゅう》の松並木(県天然記念物）が続く。三九番目の池鯉鮒宿は近代以降の市街化、戦災で江戸の景観の多くが失われている。

尾張の東海道の宿場のにぎわい

境川《さかいがわ》を越えると尾張《おわり》に入る。その先の有松《ありまつ》は多発する追剥《おいはぎ》対策のために尾張藩が一六〇八年（慶長十三）に築いた「間宿《あいのしゅく》」である。茶屋集落であり鳴海《なるみ》宿に近く旅人相手の商売には限界があったため、絞染《しぼりぞめ》が興された。二代藩主徳川光友《みつとも》の入国に際し有松絞の手綱《たづな》を献上し、藩との結びつきを強め保護されるようになった。江戸後期の絞りに関わる商家がよく残り、二〇一六年（平成二十八）に国の重要伝統的建造物群保存地区に選定されている。有松・鳴海絞会館では絞りの歴史・技術の展示があり、絞りの実演を見学・体験ができる。

宮の渡し公園の常夜灯（〈公財〉名古屋観光コンベンションビューロー提供）

西に向かうと、四〇番目の鳴海宿に入る。ここは松尾芭蕉《まつおばしょう》と関わりの深い宿である。芭蕉との親交が深い鳴海六俳仙《ろくはいせん》が在住し芭蕉は存命中四度も鳴海を訪れた。街道筋の誓願寺《せいがんじ》（名古屋市緑区）には芭蕉が亡くなった一六九四年（元禄七）に築かれた供養塔（市史跡）があり、芭蕉像が安置される芭蕉堂も所在する。

鳴海宿から西へ一里半（約五・九キロ）で宮《みや》宿に至るが、その道中には名古屋市内で唯一残る笠寺《かさでら》一里塚がある。さらに西にある笠覆寺《りゅうふくじ》(笠寺観音。名古屋市南区)は江戸から信仰を集めた尾張四観音(笠覆寺・甚目寺《じもくじ》・龍泉寺《りゅうせんじ》・荒子《あらこ》観音)の一つである。名古屋城築城時、鬼門《きもん》の方角にある寺院を家康が城の鎮護《ちんご》のために定めたといわれる。現在でも四観音は多くの参拝客を集め、とくに四観音を五年に一巡(笠覆寺は五年のうちに二巡)する節分は現在も盛大に行われている。

宮宿は尾張内の東海道の西端の宿、日本橋から約八九里(約三四七・一キロ)、四一番目の宿場である。宮宿は熱田《あつた》宿とも呼ばれた。もとより熱田神宮(名古屋市熱田区)の門前町《もんぜんまち》であり湊町《みなとまち》でもあり、古くから繁栄していた。東海道随一の宿であり江戸後期には一万余人が居住し、約二五〇軒の旅籠、二軒の本陣、一軒の脇本陣があった。次の宿伊勢《いせ》国の桑名《くわな》までは船旅となり、「七里の渡し」と呼ばれた。渡船場があった辺りには江戸の常夜灯《じょうやとう》が復元されている。街道の分岐点には一七五八年(宝暦《ほうれき》八)に置かれた道標が現存している。近くにほうろく地蔵が安置されている。焙烙《ほうろく》売りが池鯉鮒重原《しげはら》村(現刈谷市など)に放置されていた地蔵を、荷台の重石として乗せてきたが、宮宿で焙烙を売り切ったため、地蔵を宿内に放置した。宮の住人がそれを哀れに思いお堂を造り祀《まつ》った、という伝承が残る。

東海道を離れて——名古屋城下町のにぎわいと名古屋城

東海道を離れ宮宿から美濃路《みのじ》を北に向かうと約二里(約七・八キロ)で名古屋城下町に入る。大坂に豊臣勢力が残る江戸の初め、尾張の中心であった清須《きよす》(現清須市)は五条川が城下を縦断し防衛上不向きであり、南域は水はけが悪く都市としての発展の限界があることなどで一六〇九年(慶長十四)に城・町・住民の名古屋への移転、「清須越《きよすごし》」を家康は決断した。当時の名古屋は熱田台地の北西端には那古《なご》野《や》城、南端には熱田の門前町・湊町があった。その間の台地上は林野が広がりところどころに寺社・城館とそれにともなう町屋や村が散在していた。

移転は一六一〇年(同十五)に始まる。城造りと街造りは同時に行われた。また福島正則《ふくしままさのり》を惣奉行《そうぶぎょう》として物資の運搬のために熱田台地西際に堀川《ほりかわ》の開削が始められ、翌年には完成したといわれる。家康の命で加藤清正《かとうきよまさ》・福島正則・池田輝政《いけだてるまさ》などの豊臣方有力大名二〇家によって城の土台である石垣普請《いしがきぶしん》が始まった。いわゆる「天下普請」である。天守台・小天守の石垣普請は加藤清正が単独で行い、六月に始まった普請は早くも八月には終了した。天守台・小天守の出角《ですみ》の下位の積石《つみいし》に清正が普請を行ったことを示す、清正の家臣の名が刻まれているものが存在する。残る本丸・二之丸などの石垣も同年九月には完成したといわれる。

土台の安定を待って続いて天守、本丸御殿、二之丸御殿などの作事が始まり、まず天守が一六一二年(同十七)に、本丸御殿は一六一五年(同二十)、二之丸御殿に至っては、二之丸に屋敷を構えていた附家老《つけがろう》の平岩親吉《ひらいわちかよし》の病没にともない一六一七年(元和《げんな》三)にその屋敷を増改築し二之丸御殿とした。二之丸庭園の作庭も行われ、一六二八年(寛永《かんえい》五)頃には完成した。さらに二之丸の南に居を構えていた家康が藩主の補佐、お目付役として配属した同じく附家老の成瀬《なるせ》・竹腰《たけのこし》の両家が一六六三年(寛文《かんぶん》三)には三之丸に移され、代わって馬場などが整備された。

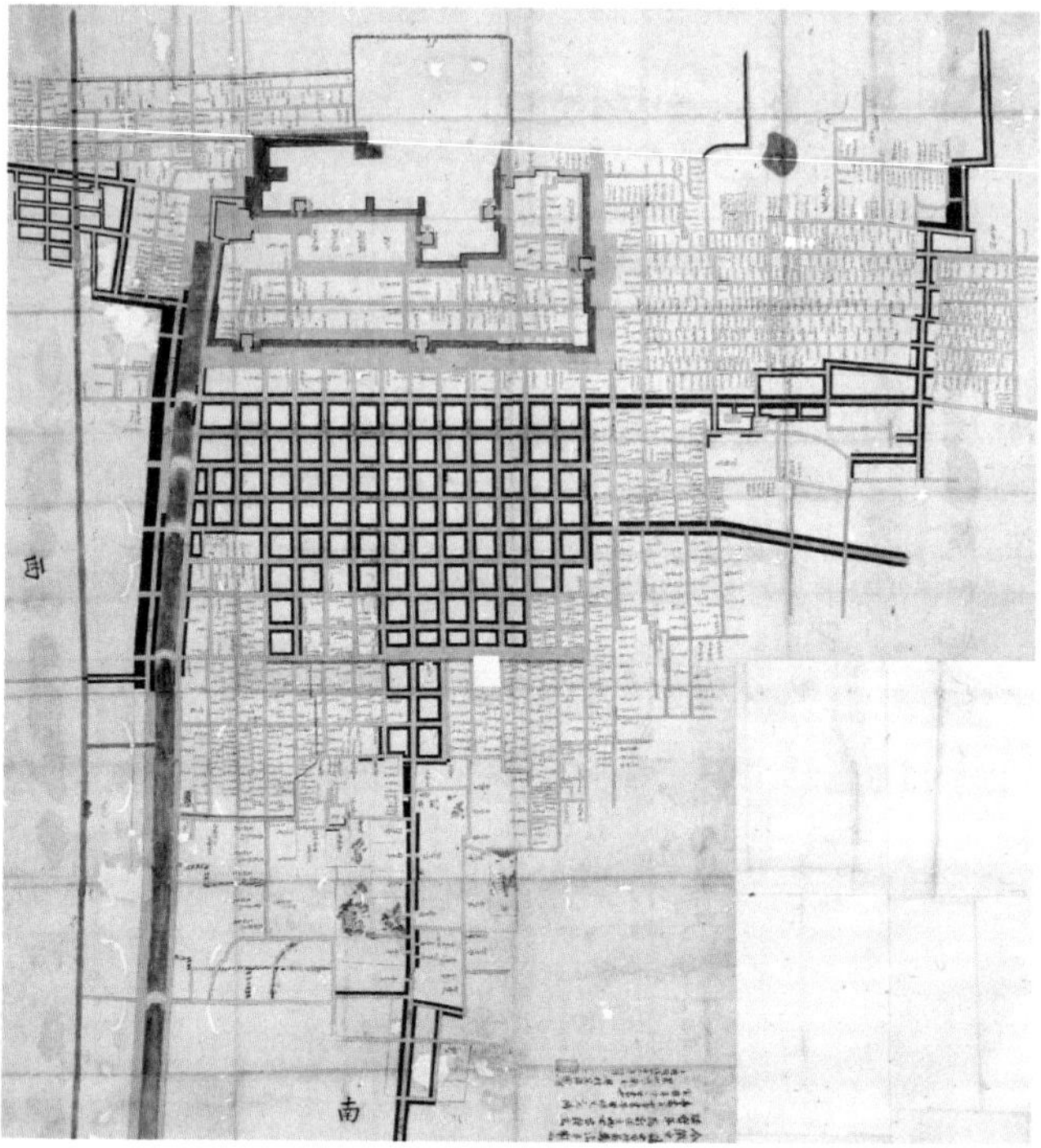

万治元年之名古屋図(〈一財〉名古屋城振興協会所蔵)

　三之丸は空堀《からぼり》を挟んで本丸・二之丸の南に位置し重臣の多くが居住し、三之丸の東と南は素掘りの堀と土塁《どるい》・西は堀川と土塁に囲まれていた。三之丸内は基本直線的な小路《こうじ》で区画され、成瀬家・竹腰家は二之丸・本丸近くに広大な屋敷地を有した。城外につながる西の巾下御門《はばしたごもん》、南の本町《ほんまち》御門、御園《みその》御門には志水《しみず》家・渡辺家・大道寺《だいどうじ》家などの武名に秀でた重臣を配していた。こうして有事に際しての家臣配置を三之丸内で行っていた。

　城下町の造営は一六一三年(慶長十八)には終了した。できあがった城下町は新しい時代の到来を告げる斬新な構造をしていた。右ページの絵図でもわかるように、城の南の城下町は碁盤《ごばん》の目状に区画され、城近くには有力の町人の居住地が広がり、その南には寺社地と中・下級の武家地、東には中級以上の武家地と寺社地、西の台地の下にはおもに中・下級の武家地が広がり、名古屋城近くの堀川沿いには江戸の景観を残す四間道《しけみち》(名古屋市西区。市指定の町並み保存地区)が残る。城下には東海道の代わりに、宮宿から分岐した美濃路がある。

現在、宮から名古屋城下までの道筋は市街化しているが、江戸の絵図をみると道筋の町屋の間に畠が多く見え、尾頭橋《おとうばし》辺りには熱田神宮の一の鳥居があった。金山《かなやま》辺りで西へ佐屋路《さやじ》が分岐する。分岐する交差点の南西角には道標が現存する。佐屋(現愛西市)からの「三里《さんり》の渡し」を経て東海道の四二番目の桑名宿(現三重県桑名市)に至り、「東海道佐屋廻り」とよばれ東海道の迂廻路として利用された。名古屋城下町の入口、橘町《たちばなちょう》辺りには木戸が設けられた。ここから名古屋城の本御門までが城下町のメインストリートの本町通りである。名古屋城下町に入った美濃路は城下町の伝馬町《てんまちょう》筋で西に折れ、清須宿を経て起《おこし》(現一宮市)で木曾川を渡り美濃国の大垣《おおがき》に至り垂井《たるい》宿(現岐阜県垂井町)で中山道《なかせんどう》に合流する。美濃路の名古屋宿は駿河町《するがちょう》・伝馬町・宮町《みやちょう》・富沢町《とみざわちょう》(いずれも現名古屋市中区)の四つの町が宿場を兼ね、本陣、脇本陣は存在しなかった。代わりに宮宿の東と北西に大名らを供応するための藩が設けた浜御殿《はまごてん》があったが、御殿は現存しておらず、その全体像、位置は不明な点が多い。名古屋宿の性高院《しょうこういん》(現名古屋市中郵便局付近)には朝鮮から日本へ派遣された朝鮮通信使の正使など高位の役職のものが泊した。

（佐藤）

島原《しまばら》藩《はん》主《しゅ》深溝《ふこうず》松平《まつだいら》家《け》墓所《ぼしょ》

↓P22

深溝を発祥とする江戸幕府を支えた十八松平のひとつ

深溝松平家は六代忠房《ただふさ》以降、一時期を除き島原藩主として長崎監察《かんさつ》・九州大名家目付《めつけ》などを代々勤め、没すると幸田町の本光寺《ほんこうじ》に埋葬された。忠房は神道に傾倒し神式で埋葬されたため墓標は石殿であり、以降の藩主はそれに倣った。二〇〇九年の豪雨により七代忠雄《ただお》の墓標が傾き、修復にともなう発掘調査が実施され、石殿の地下構造が明らかになった。巨石の墓誌の下の石室には遺骨が残っており、慶長小判、ベネチアングラスなどさまざまな副葬品がみられた。これらの一部レプリカが本光寺近くの幸田町郷土資料館で公開されている。

墓所から出土したベネチアングラス(幸田町教育委員会提供)

DATA
国史　幸田町深溝（本光寺内）

足助《あすけ》の町並《まちな》み

↓P22

物資の中継地・集積地として繁栄した山間の村

足助街道は三河《みかわ》・尾張《おわり》から信州に向かう物資の集積地で、中《なか》山道《せんどう》の往還としても利用された。三河からの物資の多くは舟で運搬され、商家町である足助で馬に荷を積み替えたため、中馬《ちゅうま》街道と呼ばれ、とくに三河の質の高い塩は貴重な商品であったことから塩の道とも呼ばれた。街道沿いの本町《ほんまち》・田町《たまち》には江戸後期以降の建物が多く残り、二〇一一年に愛知初の国の重要伝統的建造物群保存地区に選定されている。なかでも大正に建てられた旧稲橋《いなはし》銀行足助支店は県有形文化財に指定され足助中馬館として公開されている。

マンリン小路(豊田市足助観光協会提供)

DATA
豊田市足助町

千《ち》鳥《どり》塚《つか》

芭蕉の生前に唯一建てられた直筆の塚

↓P18

一六八七年(貞享四)、寺島安信宅でひらかれた俳句の会で「星崎の　闇を見よとや　なく千鳥」の巻が完結したことを記念して建てられた、全国で唯一残る松尾芭蕉の生前に建てられた塚。碑には芭蕉直筆の文字が刻まれている。

東海道鳴海《なるみ》宿の西の入り口であった丹下町《たんげまち》常夜灯《じょうやとう》(一七九二年〈寛政《かんせい》四〉設置)を通り、宮《みや》宿に向かう中途にある千句塚《せんくづか》公園内にある。一九七七年(昭和五十二)に名古屋市指定史跡に登録された。芭蕉と鳴海の関わりは、「野ざらし紀行」にまとめられた旅の道中に鳴海に立ち寄ったことに始まる。

名古屋市教育委員会提供

DATA
市指定　名古屋市緑区鳴海町

知《ち》立《りゅう》の松《まつ》並《なみ》木《き》

江戸時代初期の風情を残す景観

↓P23

東海道池鯉鮒《ちりゅう》宿の入口に続く五〇〇メートルの松並木。江戸幕府は一六〇四年(慶長九)に並木植栽を命じており、その頃に整備されたといわれる。江戸時代には馬市《うまいち》が開かれ木々に馬をつないでいたため、「馬引きの松」と呼ばれた。

戦後、伊勢湾台風の被害などで松が減少していったが、市民の保存運動により昭和四十年代、排水管埋や松の補植が行われ、現在の景観にいたる。二〇二三年(令和五)、県天然記念物に指定された。

県内には、ほかに安城市今本町に市指定の東海道の松並木が残る。

知立市歴史民俗資料館提供

DATA
県指定　知立市山町・牛田町

7章 「ものづくり愛知」の源流――織維・窯業・醸造の名産

国内の安定により、江戸をはじめとする大都市が、各地の産物を大量消費する社会が到来した。全国から商品が集まる江戸で勝ち残るためには、高品質の商品を安定的に供給する力が求められる。尾張・三河でも、地域の特性を生かした商品生産が拡大した。それらの多くは現在の「ものづくり愛知」の源流となった。

木綿の生産と有松絞り

近世の尾張《おわり》・三河《みかわ》では広く綿作・織物づくりが行われていた。江戸市場では江戸に店を構える伊勢《いせ》商人が中心的な役割を果たしており、尾張・三河の木綿の多くは伊勢商人が集荷を行っていた。

美濃《みの》・尾張地方に、縞《しま》模様をもつ桟留《さんとめ》縞と呼ばれる綿織物の技術が伝わったのは、一八世紀後半と考えられている。当初は、西美濃がおもな生産地であったが、しだいに生産の中心が尾西《びさい》地域に移り、尾張縞と呼ばれるようになった。一九世紀の初めには、絹糸と綿糸を交ぜた結城《ゆうき》縞の生産が開始された。結城縞は、高価な素材と高度な技術が必要であり、都市部の富裕町人をターゲットとした商品であった。「尾張名所図会」にある「結城縞織屋の図」には、葉栗《はぐり》郡や中島《なかしま》郡に多数の織屋が存在し、三都をはじめ全国に出荷していることや、織屋の働き手が女性たちであったことがわかる。

歌川広重『有松絞 竹谷佐兵衛店先』(名古屋市博物館所蔵)。店の一部は現存

知多《ちた》地域では、無地の白木綿が特産であった。当初は品質に対する評価は低かったが、一八世紀の後半に、岡田《おかだ》村（現知多市）の中島七右衛門が、伊勢松坂《いせまつざか》から木綿を漂白する晒《さらし》の技術を導入し、普及に努めたこともあって品質が向上した。

また、全国にその名を知られたのが、知多郡有《あり》松《まつ》村（現名古屋市緑区）で生産された有松絞りである。知多木綿に糸をくくって阿波《あわ》産の藍で染め上げたものが多く、その文様は多岐にわたる。

有松村は、尾張藩が東海道整備の際につくった村で、知多郡阿久比《あぐい》からこの村に移住した竹田《たけだ》庄《しょう》九郎《くろう》が、名古屋城築城の際に、豊後《ぶんご》の者がもっていた絞り染めの手ぬぐいをみて有松絞りを考案したという。絞りを商う商家は、街道沿いに店舗を構えるとともに、隣接する鳴海《なるみ》宿でも注文をとって販売した。参勤交代の大名から伊勢詣《もう》での庶民まで、多くの人々が土産物として購入したようである。尾張藩も有松絞りを保護し、他地域での絞り生産を禁止するとともに、品質管理や技術の流出に目を光らせた。しかし、しだいに鳴海など周辺地域でも絞り生産が盛んになり、尾張藩もこれを認めた。一九世紀に来日したドイツ人医師シーボルトの収集資料には、「鳴海絞り」でにぎわう鳴海の町並みを染めた手ぬぐいが残されている。

窯業の中心地、瀬戸と常滑

愛知県域の窯業は、近世に入ると新たな展開をみせる。織田信長の時代に生産拠点が美濃に移り、瀬戸《せと》では窯業生産が衰退していた。慶長《けいちょう》年間(一五九六〜一六一四年)に入ると、名古屋への城下町移転にともなって、尾張藩が窯屋を呼び戻し、尾張国内での窯業再興がはかられた。また、豊臣秀吉の朝鮮出兵(一五九二〜九三年、一五九七〜九八年)の際に九州に伝えられた連房式登窯《れんぼうしきのぼりがま》が、一七世紀中期の上水野《かみみずの》村・赤津村の窯跡で発見されており、大量生産に適したこの形態の窯が近世瀬戸の窯業に多大な影響を与えた。

しかし、瀬戸の窯業は、一八世紀末まで一進一退を繰り返した。一九世紀初頭に、事態を打開するため、磁器生産の導入がなされた。「磁祖」加藤民吉《かとうたみきち》が九州から持ち帰った高度な焼成技術や、尾張藩が導入した蔵元《くらもと》制度(陶磁器の専売制)により、磁器生産は一気に拡大した。肥前《ひぜん》産に比べると品質面では劣るものの、集荷・輸送面で尾張藩の支援を受けられることもあり、コスト面で優位に立ち、畿内や東日本では、瀬戸焼の独占状態となった。造形・意匠の工夫も積み重ねられ、幕末から明治にかけては、一八七三年(明治六)のウィーン万国博覧会への出品などで高評価を得て、海外へも販路を拡大した。さらに、「新製《しんせい》焼」「染付《そめつけ》焼」と呼ばれる新興の磁器に対して、「本業《ほんぎょう》焼」と称された従来の陶器も、独自の製品を生み出し、鉄絵《てつえ》で描かれた馬の目皿《めざら》などは、現代まで生産が続く定番商品となった。一方で、生産に必要な燃料を手に入れるため、付近の山林の樹木伐採が進んだ。この地域の地質的要因も加わり、「はげ山」問題が深刻化したため、尾張藩は植林などの対策を講じた。

常滑《とこなめ》では、大窯《おおがま》と呼ばれる単室の窯で産業用の大型甕《かめ》や壺《つぼ》を生産する流れが、江戸時代後半まで続く。大窯は、焚口《たきぐち》を一カ所し

馬の目皿(19世紀前期。瀬戸蔵ミュージアム所蔵) 重文

初代加藤民吉作と伝わる染付山水図大花瓶(瀬戸蔵ミュージアム所蔵) 重文

鬼面文鬼瓦(1804年〈文化元〉。高浜市所蔵)

かもたないため、窯内の温度がばらつきやすい。低温部で焼かれた素焼き状態の製品は「赤物《あかもの》」と呼ばれ、強度はないが、熱によるひび割れが起きにくい。このため、土中に埋設する土樋《どひ》(土管)など強度を要しないものや、直火で使用する火鉢など、特徴を生かした製品がつくられた。一方で、従来の高温で焼成された壺や甕は「真焼《まやけ》」と呼ばれるようになった。

一九世紀に入ると、常滑でも連房式登窯が導入され、小型の細工物が多くつくられる。常滑の廻船《かいせん》問屋であった瀧田《たきた》家の文書によると、幕末には主力製品の甕以外にも、江戸向けに急須《きゅうす》や土瓶《どびん》、徳利《とっくり》が大量に運ばれており、常滑産の焼き物で煎茶や酒肴《しゅこう》を楽しむ江戸の人々の姿を垣間見ることができる。

ブランド化した高浜の三州瓦

三河《みかわ》では三河土とよばれる瓦などの低温で焼くやきものに適した土が採れ、近世以降、瓦生産が拡大した。

瓦は元来、寺院や官衙《かんが》などの建築物に使用されるものであった。近世に入り、城郭建築に瓦葺《ぶ》きが採用され、城下町などで瓦の製造が行われるようになったが、基本的には使用地の近隣で生産されるものであった。享保《きょうほう》の改革(一八世紀前半)の際、消防対策として瓦葺きの屋根が奨励されると、江戸の町では、武家屋敷だけでなく町人の家でも瓦が使用されるようになった。このことが瓦の大量需要を生み出し、新たな供給源が必要となった。重量物である瓦は船での輸送が適していて、三河地域は矢作川《やはぎがわ》と三河湾の水運を利用できるという利点があった。

高浜市の春日《かすが》神社に伝わる「瓦焼狛犬《こまいぬ》」(市指定文化財)には、側面に「享保八年」(一七二三)の製作年と「三州高浜瓦屋甚六」の銘があり、この時期には、この地で瓦生産が行われていたことがわかる。さらに江戸末期には、鬼瓦に「三州○○(地名)」の文字が多数みられるようになる。高浜・吉浜(高浜市)、大浜・新川・棚尾・鷲塚《わしづか》(碧南市)、新渡場《しんどば》(西尾市)、藤井《ふじい》・桜井《さくらい》(安城市)などの地名があり、三河産の瓦がブランド化していることがわかる。また、多くの瓦屋がこの地域に集住したこともあり、鬼瓦を専門に製作する鬼板師《おにいたし》(鬼師)が生まれた。民家に使用された鬼瓦は、使用後は廃棄されてしまうため、現存するものは少ないが、寺院で使用されたものが一部残存しており、当時の技術力の高さを物語っている。

明治に入ると、身分制廃止の影響もあって、江戸以外でも民家における瓦屋根の需要が拡大し、三州瓦は全国に販路を拡大していく。

ピンチをチャンスに変えた半田の粕酢

知多半島では、酒造業が盛んであったが、このことが酒粕を原料とした粕酢《かすず》生産につながってゆく。尾張・三河産の酒は、一八世紀後半の天明《てんめい》期から寛政《かんせい》期にかけて、京都・大坂などの上方《かみがた》と江戸の中間地域でつくられた「中国酒」として江戸の人々に受け入れられていった。しかし、一八〇六年（文化《ぶんか》三）、幕府は米の消費を増やし、米価上昇を図るため、酒造勝手令を発令した。供給過多となった江戸では、尾張・三河の酒は上方との品質競争に負け、知多の酒造家は経営状態悪化のなかで打開策をせまられた。

一方、このころの江戸では早鮨《はやずし》（現在の握り寿司の原型）の流行が始まり、酢の需要が高まっていた。酒造りにおいて、酢造りに使用する酢酸菌が混入すると、アルコール発酵が阻害されてしまうため、酒造りと酢造りは元来共存し得ないものとされていた。しかし、半田《はんだ》の酒造家であった中野又左衛門《なかのまたざえもん》家（明治期に「中埜」と改姓）は、家業を建て直すため、そのリスクを冒して一八一〇年（同七）ごろから本格的に酢造りを始めた。

酒造地帯である知多や三河では、粕酢の原料となる酒粕が安価に手に入った。また、酒造の過程で出る酒粕は、肥料として使用されることが多かったが、アルコール分を多く含み、肥料としては低品質であった。しかし、酒粕から粕酢をつくった後にできる酢粕はアルコール度数が低くなり、良質な肥料となるうえに、酒粕の再利用の観点からも一石二鳥の解決策であった。また、生産に必要な桶《おけ》・

半田運河とミツカンの醸造場。江戸時代、周辺は酒・酢の醸造業や廻船などの海運業で栄えた（半田市観光協会提供）

樽《たる》などの木材は集材地である名古屋や、矢作川流域の足《あ》助《すけ》、紀伊熊野《きいくまの》などから調達することができた。廻船を使って、江戸で生じた大量の酒の空樽を仕入れて再利用することも可能であった。

　酒や酢造りに必要な水は、この地域では阿久比川などの小さな河川しか存在しないため、河川からの引水が困難であった。このため、中野家は文化期（一八〇四〜一八年）までは、成岩《ならわ》村との境界近くにほかの酒造家と共同でつくった井戸から人力で水を運んでいた。さらに、文政《ぶんせい》期（一八一八〜三〇年）と嘉永《かえい》期（一八四八〜五四年）の二度にわたり、地元の酒造家たちが出資し、阿久比川の河口付近にある醸造所まで木製の上水道を敷設する工事が行われている。この工事には、近隣に住む船大工が参加しており、彼らのもつ防水加工の技術が水道工事に転用されたと考えられている。

　安価な粕酢は、高価な米酢に比べて甘み・旨味があり鮨に合うとされたこともあり、順調に生産量を増やしていった。中野家が酢造りを始めた当初は、酒造りが本業で、酢造りは副業であったが、一八六四年(元《げん》治《じ》元)に、酒造部門を他家へ譲渡して、酢造りを専業とした。なお、知多の酒造業は、経営の多角化をはかってリスクを分散させつつ、技術力の向上をはかり、幕末には江戸市場に復活を果たしている。

江戸や伊勢にも広がった八丁味噌

味噌は、戦国時代に保存食として普及し、武家では米食と味噌汁の食事が一般化した。一八世紀には、味噌は庶民にも普及し、味噌の種類も多様化する。

尾張・三河では、豆味噌がつくられた。「八丁《はっちょう》味噌」の名の由来となった岡崎の八町《はっちょう》村の早川《はやかわ》家と太田《おおた》家では、近世初期には味噌醸造が開始されていたという。幕府の大名や旗本は三河出身の者が多いこともあり、江戸に三河の味噌が送られ、八丁味噌の名が全国に知られることになる。

矢作川と東海道が交わる八町村は、原料・燃料・水の調達に最適な場所であった。一方で、高温多湿な地域であり、保存性を高めるために使用する水の量を抑えなければならず、結果として濃厚な風味をもつ八丁味噌が誕生したという。醸造に必要な水は、矢作川の伏流水による湧水《ゆうすい》を使用した。原料となる大豆は当初、三河や知多などの近隣地域、のちには関東・東北方面からも仕入れを行った。塩は、矢作古川の河口付近で生産される饗庭《あいば》(西尾市)の塩などが使われた。燃料となる「才木」と呼ばれる木材や、仕込みに使う大きな丸石は、おもに矢作川の上流のものが使用された。「割木」と呼ばれる燃料は、矢作川支流の巴川《ともえがわ》流域から仕入れている。

これらは矢作川の舟運を使って運ばれた。原料の大豆や塩は、平坂湊《へいさかみなと》から矢作川を遡上し、岡崎まで運ばれた。できあがった製品は川を下り、湊から廻船を使って運ばれた。早川家の文書によると、味噌の販売先は、岡崎藩領だけでなく、江戸・伊勢方面にも広がっており、三河木綿などと一緒に販路が開拓されていたようである。

現代に息づく伝統産業と観光

近世の尾張・三河の産業は、近代以降も姿を変えながら存続・発展している。一九〇六年(明治三十九)に出された『工場通覧』は、全国の工場を染織・機械・化学・飲食物・雑の各工場に大別して紹介しているが、雑工場以外の四分野すべての工場数で愛知県は全国四位以内に入っていた。さらにその詳細をみると、化学工場の多くは窯業、飲食物工場の多くは醸造業であり、近世からの流れを引き継いでいることがわかる。

現代においても、半田を拠点とする酢の「ミツカン」や、岡崎の八丁味噌「カクキュー」「まるや」、明治期の停滞を経て木綿から毛織物へ転換した尾州織物、瓦の国内シェア第一位を誇る三州瓦など、地域を越えて親しまれる企業・ブランドとして存続しているものもある。また、知多市岡田地区や有松では木綿・絞りで栄えた古い町並みの保存・整備、瀬戸や常滑における窯跡の保存・公開など、近世に由来する伝統産業が観光資源としても活用されている。

(山田)

有松《ありまつ》の町並《まちな》み

日本遺産にも選定された絞りの産地

↓P18

東海道の約八〇〇メートルの区間の道なりに、江戸後期から昭和前期までの建物が数多く並ぶ。一七八四年（天明《てんめい》四）の大火で大部分が焼失したが、尾張《おわり》藩の援助で復興したと伝わる。服部《はっとり》家住宅（井桁屋《いげたや》。県指定有形文化財）をはじめとする絞商の店舗は、往来する旅人を相手に店頭販売を行うため、広い間口をもち、浮世絵にも描かれた往時のにぎわいを感じさせる。有松・鳴海《なるみ》絞《しぼり》会館では、有松絞りの資料展示や伝統工芸士による実演も行っている。

二〇一六年（平成二十八）、国の重要伝統的建造物群保存地区に選定された。

〈公財〉名古屋観光コンベンションビューロー提供

DATA

名古屋市緑区有松

カクキュー本社屋《ほんしゃおく》・大蔵《おおくら》

「カクキュー」の商号で知られる江戸時代創業の味噌蔵

↓P22

早川《はやかわ》家が経営する「カクキュー」の商号で知られる合資会社八丁味噌本社の本社屋（一九二七年〈昭和二〉建築）と大蔵（一九〇七年〈明治四十〉建築）。本社屋は、味噌蔵が並ぶ敷地に、南北二つの棟が中庭をはさんで接続している。大蔵は、矢作川《やはぎがわ》の氾濫に備えて高く積まれた石垣の上に立つ総二階の土蔵建築。一九四一年まで味噌仕込み蔵として使用されていた。現在は史料館となっており、実際に職人が石積みした木桶など、味噌造りの様子が再現されている。なお、近隣にはカクキューと同様、江戸時代創業の「まるや八丁味噌」もある。

カクキュー八丁味噌提供

DATA

登録 岡崎市八丁町

岡田《おかだ》の町並《まちな》み

↓P19

知多《ちた》木綿の中心地として栄えた岡田には、江戸時代から昭和までの建造物や史跡が残る。動力織機を発明した竹内虎王《たけうちとらおう》ゆかりの史跡や、大正時代の劇場跡など、見どころは多い。

DATA 知多市岡田

窯神神社《かまがみじんじゃ》

↓P20

瀬戸《せと》に磁器の製法を伝えた「磁祖」加《か》藤民吉《とうたみきち》を祀り、本殿は登窯《のぼりがま》を模した社殿。社殿の北側からは「瀬戸のグランドキャニオン」とも呼ばれる陶土の採掘場がみえる。

DATA 瀬戸市窯神町

旧瀧田家住宅《きゅうたきたけじゅうたく》

↓P19

廻船業を営んだ瀧田家の住宅。幕末に建築されたものを復元して公開しており、海運の歴史に関する資料を展示。周辺は「やきもの散歩道」として整備され、登窯などもある。

DATA 市指定 常滑市栄町

瓦焼狛犬《かわらやきこまいぬ》

↓P23

作品の右脇に、「享保八年」の製作年と高浜《たかはま》村の瓦屋が伊勢でこの作品を製作したことが記されており、高浜市内に残る確認最古の瓦の銘文となっている。春日神社所蔵。

DATA 市指定 高浜市やきものの里かわら美術館（高浜市青木町）に寄託

旧中埜家住宅《きゅうなかのけじゅうたく》・小栗家住宅《おぐりけじゅうたく》

↓P19

半田《はんだ》運河周辺は、歴史的建造物が多い。中埜家・小栗家は醸造業などで栄えた地元の名家。中埜家住宅は、明治期の洋風建築。小栗家住宅は幕末から明治期にかけて整備された。

DATA 重文 半田市天王町・中村町

MIZKAN MUSEUM

↓P19

ミツカンの酢づくりの歴史や食文化を学ぶことができる。実際の酢造りの様子、酢の香り比べなどの見学・体験も。再現された長さ約二〇メートルの弁才船《べざいせん》も迫力がある。

DATA 半田市中村町

コラム もっと知りたい！深掘り愛知県史③

幕末の尾張藩と徳川慶勝

御三家筆頭から新政府の一員へ

尾張藩一四代藩主徳川慶勝《よしかつ》が尾張《おわり》藩を動かした幕末期、国内とともに藩内も激動の時代を迎えた。慶勝は支藩である美濃高須《みのたかす》藩一〇代藩主松平義建《まつだいらよしたつ》の次男として生まれ、一八四九年（嘉永《かえい》二）藩主に迎えられると、藩政改革とともに、幕政にも積極的に関与し、日米修好通商条約の調印（一八五八年）に際しては、前水戸《みと》藩主徳川斉昭《なりあき》らとともに、大老《たいろう》井《い》伊直弼《いなおすけ》を詰問したことにより、隠居謹慎を命じられる。これにより弟の茂徳《もちなが》に藩主の座を譲るが、桜田門外《さくらだもんがい》の変（一八六〇年）で井伊直弼が倒されると復権し、実子の義宜《よしのり》が一六代藩主になると、再び藩の主導権をもつことになる。

禁門の変後の第一次長州征討（一八六四年）では征討軍の総督となるが、長州藩が恭順したことで、参謀であった西《さい》郷隆盛《ごうたかもり》の提案により寛大な措置をとった。一八六七年（慶応《けいおう》三）に徳川慶喜《よしのぶ》が大政を奉還したことにより、薩摩《さつま》藩主島津《しまづ》茂久《もちひさ》、前福井藩主松平慶永《よしなが》らとともに新政府の議定《ぎじょう》となるが、慶喜の待遇などを巡る意見の相違から間もなく辞任している。翌年正月に旧幕府軍と薩摩・長州軍が鳥羽・伏見で衝突し戊辰《ぼしん》戦争が勃発すると、朝廷の命により、藩内の親幕府派を断罪し（青松葉《あおまつば》事件）、東海道、中山道《なかせんどう》沿いの大名、旗本《はたもと》領に新政府への恭順を働きかけている。慶勝と尾張藩のこの一連の行動は、御三家筆頭として幕府を支える立場から、新政府の一員へと変節した結果だとされている。

慶勝と尾張藩を動かした初代以来の藩訓

幕藩体制の下での藩の意思決定は、幕府の意向と各藩の気風、藩主の血縁関係やその理念などに左右される。これらが調和的なときには、一貫した方針が維持されるが、齟《そ》齬《ご》をきたしたときは混迷が避けられない。

尾張藩は木曽《きそ》三川を天然の要害とし、濃尾《のうび》平野を見下ろす名古屋台地の西北端に、天下普請により巨大な城郭を構え、西国への防衛拠点としての役割を与えられた。しかしながら、その地に配された初代藩主義直《よしなお》は、著書『軍書合《ぐんしょごう》鑑《かん》』の巻末に「王命《おうめい》に依《よ》って催さるる事」と記し、勤王を藩訓とした。

また、当時の大名家では、その存続のために養子縁組が頻繁に行われており、慶勝には、実弟として茂徳《もちなが》(五男。尾張藩主ののち宗家を相続した慶喜に代わり一橋《ひとつばし》家当主となり茂栄《もちはる》を名乗る)、会津《あいづ》藩主松平容保《かたもり》(七男)、桑名《くわな》藩主松平定敬《さだあき》(八男)がいた。

「尾張勤王青松葉事件之遺跡」の碑(名古屋城内。名古屋城総合事務所提供)

一方、蓬左《ほうさ》文庫(88ページ参照)に収められている慶勝の蔵書からは、積極的に西洋の制度、技術を学ぶ姿勢がうかがわれ、彼自身が撮影した写真も残されている。

慶勝は、西国への防衛拠点を任されながら、藩訓で朝廷への忠誠を求められ、海外事情を把握し、国の新たな政治体制を模索するなかで、佐幕を貫く弟たちと対立するという矛盾した立場での行動を余儀なくされた。しかし、新政府と旧幕府ではなく、天皇と徳川家をキーワードにすると、慶勝は一貫して両者の新たな関係の構築を目指しており、むしろ変節したのは「薩長」であったともいえる。

(梅本)

高須四兄弟(複製)。向かって右から、慶勝、茂徳(一橋茂栄)、容保、定敬。慶勝の母規姫は徳川斉昭の姉であり、慶喜と慶勝は従兄弟であった。(1878年〈明治11〉撮影。海津市歴史民俗資料館提供。原資料は行基寺所蔵)

8章 愛知県の誕生

幕末から明治維新にかけて、黒船来航、尊王攘夷、大政奉還、戊辰戦争と、幕府、諸藩、朝廷をまきこんで、列島は動乱の時代となった。明治新政府の諸政策——廃藩置県・学制・軍隊の設置——から愛知県の動向を探ってみる。

新政府の誕生と五箇条の御誓文

明治天皇は、一八六七年(慶応《けいおう》三)一月九日に践祚《せんそ》した。翌年九月八日に改元、元号は明治となった。天皇を頂点とする中央集権国家の形成を目指す政府は、政治・経済・社会・文化などで急速に近代化を進めていくことになった。幕末に締結した日米和親条約(一八五四年)、日米修好通商条約(一八五八年)の不平等条約を撤廃させ、国際社会のなかでの地位の向上を図るためには近代化が不可欠であった。

一八六八年(慶応四)三月十四日、明治天皇は京都御所紫宸殿《ししんでん》において、副総裁三条実美《さんじょうさねとみ》が神前で五《ご》箇条《かじょう》の御誓文《ごせいもん》を奉読し、天地の神々に政治の基本精神を誓ったのである。愛知県内には、五箇条の御誓文の碑は、一九一三年(大正二)にあま市の十二所社に建てられたものをはじめ、明治改元六〇周年にあたる一九二八年(昭和三)に半田市の愛知県立半田高等学校内に建立されたものなど八例が知られている。なかでも半田市乙川源内林町《おっかわげんないばやしちょう》一丁目の乙川白山公園の誓いの御柱は、一九三〇年に建てられたものでひときわ規模が大きい。

新政府の中央集権化の過程で、版籍奉還が一八六九年（明治二）六月に実施された。諸藩の藩主が版（土地）と籍（人）を朝廷に還納する形式をとり、実際は政府による藩への統制を強めるものであった。藩主を知藩事《ちはんじ》に任命した。名古屋（尾張《おわり》）藩では、徳川慶勝《よしかつ》が知藩事に任命された。

プレあいち――愛知県誕生までのいきさつ

二〇二二年（令和四）は、現在の愛知県が誕生して一五〇年となる節目の年であった。一八七一年（明治四）七月、藩を廃して県を置くことになり、藩名がそのまま県となった。尾張国は、犬山《いぬやま》藩が犬山県に名古屋藩が名古屋県になった。三河《みかわ》国では一〇県が成立した。同年十一月、第一次府県統合により、犬山県は名古屋県に合併、県庁は名古屋城三之丸旧竹腰《たけのこし》邸に置かれた。三河では、名古屋県の知多郡を加えて額田《ぬかた》県が設置され、県庁は岡崎城内に置かれた。もう少し詳しくみていこう。

誓いの御柱（半田市乙川白山公園内。筆者撮影）

幕末の尾張は、親藩名古屋のほかは犬山藩のみであったが(一八七〇年に高須《たかす》藩が名古屋藩に合併)、三河では岡崎はじめ一〇藩が藩庁を置き、幕府直轄の天領《てんりょう》やほかの国の飛び地もあった。また、名古屋藩では美濃《みの》や信濃《しなの》に広大な土地を有し、三河諸藩も他国に飛び地を有していた。一八七一年(明治四)七月十四日の廃藩置県では、全国二六一の藩が廃止となり、三府三〇二県が誕生したが、旧藩域を継承したことから、愛知県同様な状況が全国でみられ、県の管轄区域は錯綜したものであった。

大蔵省は、こうした状況を打開するため再び統廃合を行い、十一月には三府七十二県となった。十一月十五日、三河では、岡崎、西大平《にしおおひら》、重原《しげはら》、刈谷、西端《にしばた》、西尾、挙母《ころも》、半原《はんばら》、豊橋、田原の一〇県が廃止されて、三河すべてと尾張の知多《ちた》郡を管轄とする額田県が設置された。各県のもっていた三河以外の管轄地は除かれ、旧名古屋、犬山、伊那、静岡、野村、菊間、川越各県の飛び地を編入した。額田県のトップである権令《ごんれい》は、林厚徳《はやしあつのり》が任命された。林は、旧徳島藩士で維新後に中央政府に出仕し、金沢県大参事《だいさんじ》を経て額田県権令となった。

十一月二十二日、尾張では、名古屋、犬山各県が廃止されて、尾張国七郡(愛知・春日井《かすがい》・丹羽《にわ》・葉《は》栗《ぐり》・中島・海東《かいとう》・海西《かいさい》)による名古屋県が設置された。名古屋県権令は、愛媛県宇和島出身の井関盛良《いせきもりとめ》が任命された。名古屋県は一八七二年(明治五)四月二日、愛知県に改称した。

愛知の名は、県庁所在地の郡名に由来する。旧藩名である名古屋をそのまま使うことは、廃藩置県の趣旨が徹底しないと判断した名古屋県から政府に対して要望されたものであった。また名古屋県では犬山から稲置《いなぎ》への村名改称も同様な趣旨から願い出ていた。政府の了承を得て、四月五日に新県名と稲置村への改称を県内に布達した。

額田県は、大蔵省の意見にもとづき廃止し、愛知県へと合併するところとなった。その理由は、岡崎城に本庁を置いたが、交通の便がよくなく、事務が滞る懸念が生じる。そのため、隣県への合併が望ましく、愛知県庁は隣接し交通の便もよい。各県の官員や東海地方を巡回する大蔵省七等出仕深澤勝興も反対意見を述べなかった。こうして同年十一月二十七日に廃止が通達され、現在の愛知県域が誕生した。

一年という短い期間であったが、多くの藩領や幕府領から成り立っていた三河が額田県でまとまったことは、大きな意味があった。合併後、尾張優位の西高東低意識が拡大すると、再び額田県再置の動きが活発化する。

とくに一八九〇年代の動きは、三河分県運動、額田県再置運動と呼んでいるが、すでに一八七五年には額田県再置の請願や建白が行われたようだ。その理由として、県庁所在地である名古屋は、三河から遠く、著しく不便であること。第二に尾張と三河は風土・人情が異なりすぎて共通の政策がとりにくいという点が指摘されている。

一八八一年、県会を郡部会(尾張郡部・三河郡部)、区部会(名古屋区)、共通の連帯会に分けることになった。これにより県会の勢力は尾

愛知県庁舎(名古屋市中区。愛知県提供) 重文

張郡部・名古屋区六〇対三河郡部二五と圧倒的尾張優位となり、不満が高まっていったのである。一八八九年二月十一日、大日本帝国憲法発布の日、三河分県運動は本格化した。とくに西三河では盛り上がりをみせた。一方東三河では、三河分県に反対する動きも強く、同じ三河とはいえ一枚岩ではなかった。一八九〇年には建白書が元老院に出され、その後帝国議会で審議された。しかし、一八九二年五月十三日法案は否決され、三河分県運動は終結した。

愛知県庁は引き続き、名古屋城内に置かれていたが、名古屋城郭は陸軍省に移管されることになり急遽《きゅうきょ》一八七四年十一月、東本願寺名古屋別院(現名古屋市中区橘二丁目)内に一時的に移転し、仮庁舎とした。一八七七年六月、愛知郡南久屋《みなみひさや》町に新築移転した。現在の名古屋市中区役所あたりと推測されている。しかし、道路の延伸計画の支障となったため、一九〇〇年四月、再び旧第一師範学校跡地(名古屋市東区南武平《みなみぶへい》町)に新築移転した。さらに一九三八年(昭和十三)三月、旧騎兵第三聯隊《れんたい》跡地(名古屋市西区南外堀町)に新築移転し、現在に至っている。

愛知県庁舎は、洋風建築の躯体《くたい》の頂部に城郭風の屋根を載せた、帝冠様式の建物である。一九三三年に完成していた名古屋市役所本庁舎との調和にも配慮したデザインとなっている。外壁は、一階は花崗岩貼《かこうがんばり》、その上部五階までは黄褐色四丁掛テラコッタ貼、六階は白色磁器モザイクタイル貼の三層構成とし、正面中央部の壁面を前に出し、銅板葺《ぶ》き切妻《きりつま》屋根、屋上階に入母屋《いりもや》屋根を載せて城郭風の趣を強く出している。名古屋市役所本庁舎とともに国重要文化財に指定されている。一八七八年七月には、郡区町村編制法が公布、十二月施行され、郡役所が設置された一八九〇年に公布された郡制により、地方自治体となり郡会が置かれた。しかし、郡には独自の財源はなく、町村からの負担金で運営されたことから、町村の財政を圧迫した。そのため、一九二三年(大正十二)に郡制廃止、一九二六年に郡長、郡役所が廃止された。渥美郡役所の門が豊橋市植田町の市立南稜中学校に移築されて残る。

庶民教育の普及と義校の役割

一八七一年(明治四)、名古屋県では庶民に子供を学校に入学させるため、富裕層が経費負担した義《ぎ》校《こう》の設立を奨励した。一八七三年三月には愛知県義校規則が制定され、新政府の教育方針に沿い、読書・習字・算術、女子には裁縫などを教え、諸外国の情勢や言語など時代の要求に応えようとした。前年には、近代教育制度の基本法令である「学制」が発布された。近代国家形成を目的とする政府の思惑が込められていた。名古屋県の義校、額田県の郷学校《ごうがっこう》が普及し、愛知県に合併した額田県でも義校と改称され、全県下に義校が普及した。愛知県において、学制にもとづく小学校は、義校を統廃合して成立したものという特色がある。

一八八六年、文部大臣森有礼《もりありのり》のもと、「小学校令」「中学校令」「帝国大学令」が出され、初等・中等・高等教育がつながった制度が作られた。「中学校令」により、愛知県中学校は、県内唯一の公立学校となり、のち愛知県尋常中学校と改称された。その後も改称されて、一九〇一年に愛知県立第一中学校となった(現在の県立旭丘《あさひがおか》高等学校)。一九〇五年には渥美郡豊橋町立の愛知県豊橋尋常中学時《じ》習館《しゅうかん》が設立された。のちに県に移管されて、愛知県立第四中学校となる(現在の県立時習館高等学校)。

旭丘高等学校正門門柱（旧第一中学校正門。一九三八年〈昭和十三〉）、岡崎高等学校正門門柱（旧第二中学校正門。大正期）、など学校の門一五件が国登録有形文化財となっている。

富国強兵と慰霊

明治維新を迎えてもまだ、国内には旧幕府派の人々の不満が残っていた。政府は一八七一年（明治四）七月に廃藩置県を断行するにあたり、同年二月、薩摩《さつま》・長州《ちょうしゅう》・土佐《とさ》三藩の兵を召集して御親兵《ごしんぺい》を編制（翌年三月に近衛《このえ》兵と改称）、常備兵力として東北、九州に鎮台《ちんだい》を置いて備えた。廃藩置県により新たに、東京・大阪・鎮西・東北の四鎮台を設置した。名古屋には東京鎮台名古屋分営が名古屋城本丸に置かれ、本丸御殿が本部、天守が兵舎に充てられた。

一八七三年一月、国民の兵役義務を定めた徴兵令を制定し、それにより鎮台は六カ所に増加した。鎮台のおもな任務は、国内の治安維持であった。このような状況のなか、一八七七年に西南戦争が勃発した。鹿児島私学校《しがっこう》を中心とする不平士族が、西郷隆盛《さいごうたかもり》を担いで起こした反政府戦争で、日本史上最後の内戦であった。戦闘は、二月から九月まで七カ月に及んだ。政府軍の兵力は陸軍五万八五五八名、海軍二二八〇名。対する西郷軍の兵力は、約三万名であった。戦死者は政府軍六千八百余名、西郷軍約五〇〇〇名であった。

戦後、政府や軍が真っ先に行ったのは、戦死者に対する慰霊であった。名古屋市中区三の丸一丁目の愛知縣護國《けんごこく》神社には、西南戦争の慰霊碑三基が移築されて祀られている。この碑は西方の幅下門近

神武天皇銅像（豊橋市。筆者撮影）

くに設置され、慰霊祭が挙行されたときのもので、明治以降の慰霊碑のなかで県内最古である。軍隊ばかりでなく、こうした慰霊碑建立は、各町村でも行われていった。

渥美郡豊橋町(現豊橋市)では、一八九九年に軍人記念碑が建立された。石碑の頂部には青銅製の神《じん》武《む》天皇像(高さ八尺五寸。約二メートル五七センチ)が立つ。神武天皇のほか、日本武尊《やまとたけるのみこと》、神功《じんぐう》皇后など『古事記《こじき》』『日本書紀《にほんしょき》』の神話に登場する像は、全国各地に建設された。武人姿のこうした銅像建立の目的の一つが戦没者の慰霊にあったのは確かである。どのような経緯で選ばれたのであろうか。

日本が国際社会で一等国になるために、日本独自の文化的伝統の創出が必要と考えられた。古代文化の復興という形をとり、一つはギリシア・ローマ文化に匹敵する古典古代が日本にもあるという主張で、八世紀頃の天平《てんぴょう》彫刻のような古代美術は日本固有のものであるとした。帝国奈良博物館、帝国京都博物館の開館や古社寺保存法の制定などが行われた。

もう一つが神話的古代の復興である。神武天皇を祭神とする橿原《かしはら》神宮(奈良県橿原市)の創建、畝傍《うねび》山《やま》山麓の神苑の形成などで、一九四〇年(昭和十五)の紀元二千六百年事業に至り最高潮に達する。こうした銅像建立活動は、近代国家形成期の動きのなかで、理解することができ、国民主導で行われている点で、すでに国家戦略が浸透しつつあったことを示している。　（伊藤）

乃木倉庫《のぎそうこ》

↓P18

名古屋城内に建てられた旧陸軍の火薬庫

レンガ造の弾薬庫で、名古屋城が明治時代になり、尾張《おわり》徳川家から陸軍省に移管された後に建てられた。一八七七年(明治十)に起きた西南戦争後の明治新政府ではその戦訓から、武器弾薬の必要性や兵士の射撃訓練の大切さなどが課題となった。名古屋鎮台《ちんだい》でも武器を格納する倉庫の必要性から一八七八年に陸軍省に建築の伺いが出された。名古屋城の武器庫は名古屋城西之丸が充てられていたが、名古屋鎮台もそれを踏襲して武器庫三棟が建てられた。名前は名古屋鎮台に赴任していたことがある陸軍大将乃木希典《のぎまれすけ》から付けられた。

名古屋城総合事務所提供

DATA
登録 名古屋市中区本丸（名古屋城内）

日清《にっしん》戦役《せんえき》第一軍《だいいちぐん》戦死者《せんししゃ》記念碑《きねんひ》

↓P18

日本初の国産大砲を柵に使用

一八九四年(明治二十七)八月から翌年四月まで行われた清国との戦争では、名古屋の第三師団は、広島の第五師団とともに第一軍を編制し行動した。両軍の戦死者を慰霊するために、一九〇〇年に名古屋市の中心部に建てられた記念碑である。一九二〇年(大正九)に郊外の覚王山日暹寺《にっせんじ》(日泰寺《にったいじ》)に移築された。青銅製で砲弾型をしている。戦没者七二六名の名前が刻まれている。

柵には、青銅製七糎《せんち》野砲砲身八門、七糎山砲《せんちさんぽう》砲身一六門が使用されている。わが国最初に国産化され、日清戦争で使用された大砲である。

筆者撮影

DATA
名古屋市千種区城山新町

誓《ちか》いの御柱《みはしら》

↓P19

一九三〇年(昭和五)、明治天皇御統監四十周年記念に建設された碑。碑の五面に五箇条の御誓文《ごせいもん》が鋳《い》だされている。一八九〇年(明治二十三)、陸海軍聯合《れんごう》大演習の際、乙川《おっかわ》の丘で御統監された。

DATA 半田市乙川源内林町(乙川白山公園内)

神武天皇銅像《じんむてんのうどうぞう》

↓P25

軍人記念碑の一部で維新以来の戦没者を慰霊するため、豊橋の政財界の人々が企画。一八九九年(明治三十二)八町錬兵場南に建立された。碑は失われ、像と青銅製副碑(豊橋陸軍墓地)が残る。

DATA 豊橋市今橋町(豊橋公園内)

名古屋衛戍病院《なごやえいじゅびょういん》

↓P20

一八七八年(明治十一)頃、名古屋城三の丸に名古屋鎮台病院竣工《しゅんこう》。一八八八年に改称。一九四五年(昭和二十)十二月から国立名古屋病院本院・分院として一九六二年まで使用。洋式大病院の典型。

DATA 県指定 犬山市内山(博物館明治村)

東松家住宅《とうまつけじゅうたく》

↓P20

名古屋市中村区船入町《ふないりちょう》にあった商家。明治二十年代後半までは油問屋を生業とし、その後昭和初めまで堀川貯蓄銀行を営んだ。江戸末期の平屋を一九〇一年(明治三十四)頃三階に増築した。

DATA 重文 犬山市内山(博物館明治村)

第八高等学校正門《だいはちこうとうがっこうせいもん》

↓P20

かつては、名古屋市瑞穂区瑞穂町にあった。一九〇八年(明治四十一)に設立、翌年新校舎が竣工した。四本の門柱は、赤レンガに白御影《しろみかげ》石を配し、鉄材を使用して装飾した、ネオ・ルネッサンス様式。

DATA 登録 犬山市内山(博物館明治村)

半田東湯《はんだあずまゆ》

↓P20

半田市亀崎町《かめざきちょう》にあった銭湯《せんとう》。明治末頃建設と推定される。表構え、番台などに古風な明治の面影が残る。前半部が二階建となっており、男湯側にのみ階段が付けられ、二階で寛《くつろ》ぐことができた。

DATA 登録 犬山市内山(博物館明治村)

9章 近代産業の成立と展開――あいちの産業の礎

愛知県は、里山・川・海そして広大な平野に恵まれ、気候・風土を生かした伝統産業が中近世に隆盛した。明治時代に至り西洋の技術や文化を積極的に取り入れ、「糸・木・土・発酵」分野に機械・器具の発明が加わり、あいちを代表する近代産業が発達した。それは日本の産業の発展でもあった。

外国人からの好評を得た陶磁器

愛知は、国内有数の歴史ある窯業王国である。

陶磁器を「せともの」と呼ぶように、瀬戸《せと》は陶磁器の生産地として知られている。廃藩置県が行われたことにより、窯株制度など藩の窯業保護制度は廃止された。一方で自由競争や経営の自立を促し、活気を生み出すこととなった。またこの頃から輸出品の製造にも活路を見いだそうと、一八七三年(明治六)のウィーン万国博覧会への出品を契機として、一八七六年のフィラデルフィア万国博覧会、一八七八年のパリ万国博覧会に出品した。また窯業技術の近代化をすすめ、一八七一～七二年頃に西洋顔料・酸化コバルトの輸入、一八七五年には石膏型成型技法の導入などが積極的に行われた。陶磁器は日本の主要輸出品目として、万国博覧会への出品を通じて外国人からの好評を得ることに成功し、またその機会に西洋の最新技術やデザインを取り入れていった。

一八九五年に瀬戸陶器学校が開校、一八九九年には瀬戸陶磁工商同業組合が設立されるなど、将来の発展に欠かせない基盤整備が進められた。窯業生産が大きく変化したのは、石炭窯の導入であった。明治三十年代半ばより、瀬戸陶磁器試験所の試験研究が始められた。一九〇二年に名古屋の陶業家松《まつ》村《むら》八次郎《はちじろう》、瀬戸品野《しなの》の陶工加藤新右衛門《かとうしんえもん》は、小型品を焼成する石炭窯の開発に成功するとその普及に努めた。二カ所に瓦の出し入れを兼ねた焚口があり、倒焔式であったため熱度が平均する石炭窯は平地での築窯を可能にし、コストが安かったことなどから急速に瀬戸全域に広まっていった。

社会や産業の近代化に呼応して、洋食器のほかガラスなど工業製品、衛生陶器、輸出用ノベルティなどが開発され、瀬戸窯業も大きく変化していった。急速な発展と引き換えに、廃業したり、旧式化、老朽化したりした瀬戸窯の建物や窯、生産道具などが失われていくこととなった。

そのため、資料の収集が図られ、一九七四年(昭和四十九)、「瀬戸の陶磁器の生産用具及び製品」三九四三点は、国の重要有形民俗文化財に指定された。現在、瀬戸蔵ミュージアムで公開・展示されている。連房式登窯《れんぼうしきのぼりがま》「洞本業窯」と「一里塚本

陶祖碑の献灯用に製作された志野焼燈籠(1872年作。陶祖公園内。瀬戸市。筆者撮影) 市指定

業窯」、小型磁器を焼成するための「古窯」三基、一九〇〇年に建てられた、王子窯モロ（工房）が市指定文化財になっている。また、二〇一五年（平成二十七）度に明治から昭和にかけての陶磁器卸問屋であった、旧山繁《やましげ》商店の離れ（一八八九年建築）・事務所（一九四七年建築）・旧事務所（一九一四年〈大正三〉建築）・土蔵（一九〇三年建築）など九棟が国登録有形文化財となっている。

瀬戸窯と双璧をなす常滑《とこなめ》窯は、瀬戸窯同様に、中世の窖窯《あながま》、大窯、近世の登窯と変遷し、一九〇一年に国内初の石炭窯の築窯に成功した。この石炭窯は、大形品の焼成用として陶管（土管）製造などに適しており、土管製造の一大生産地となった。「窯のある広場・資料館」（常滑市奥栄町）には、一九二一年頃に築かれた石炭窯が付属屋、煙突とともに残る。一九五八年に窯の大改修を終え、七一年まで使用された。一九九七年（平成九）に国登録有形文化財となった。

三河では、高浜市、碧南市を中心に三州瓦と呼ぶ屋根瓦の生産が盛んである。いぶし瓦は、平窯で焼成した。その形状からだるま窯と呼ばれる。この地方は、瓦製造や築窯に適した良質な粘土が採掘できた。一九〇五年、高浜の実業家石原熊治郎《いしはらくまじろう》らが石炭を使用した、だるま窯の改良に成功した。大正時代から昭和初期にかけて、石炭窯、土練機、瓦製造機などが導入されたことによって大きく発展し、生産量日本一を誇るまでに成長した。

昭和戦後期には四〇〇以上の製造業者が一基ないし二基のだるま窯を使用していた。しかし、煤煙《ばいえん》による公害問題の発生や金属製ガス窯の普及により急速にその姿を消した。高浜市田戸町五丁目一―二一に一基のだるま窯が残り、市指定文化財となっている。

「世界のトヨタ」を生んだ織維・織物工業

三河地方では、室町時代に日本で初めて綿花栽培に成功し、綿織物「三河木綿」が生まれた。江戸時代初めには「知多木綿《ちた》」が生まれ、東海道有松宿《ありまつ》の絞り染め「有松絞り」が人気商品として知られるようになった。知多の竹内虎王《たけうちとらおう》は、竹内式力織機の特許を取得し、木綿業の発展に導いた。竹内虎王商店の木綿蔵を利用した「手織りの里　木綿蔵・ちた」(知多市岡田)がその歴史を紡ぐ。二〇一四年(平成二十六)、「木綿蔵ちた(旧竹内虎王商店木綿蔵)」として国登録有形文化財となる。

尾西《びさい》地方は、近世後期に縞《しま》木綿の産地であった。大正時代に機械化が進められ、毛織物の生産が盛んになり、日本最大の毛織物産地となった。現在、当地方で生産されるウール生地は、高品質な「尾州織物」として世界から注目される。

こうした織物製造工場の外観は、北向きの屋根側面から均質な明かりを採り入れるため、のこぎりの歯のようなギザギザとなっている。そのためのこぎり屋根工場と呼ばれ、一宮市内に約二〇〇〇棟残っているといわれ、街の景観に溶け込んでいる。一九一二年(大正元)創業の一宮市木曾川町の葛利《くずり》毛織工業社ののこぎり屋根工場、事務所など九棟が国登録有形文化財である。一宮市栄四丁目にあるRe-TAiL(リテイル)ビルは、一九三三年(昭和八)建築の旧尾西繊維協会ビルで、繊維産業の繁栄を象徴する建物であった。移転新築を機に取り壊される予定であったが、惜しむ声の高まりに、高品質な布や糸を販売するショップとして再生された。経済産業省の近代化産業遺産にも登録されている。

Re-TAiL ビル（旧尾西繊維協会ビル。一宮市。筆者撮影）

こうした繊維・織物工業を飛躍的に発展させたのは、繊維機械の発明であった。一八九六年（明治二十九）、豊田佐吉《とよださきち》は、日本で最初の動力織機を製作した。知多・三河の工場に導入されると、品質と生産能力が飛躍的に向上した。一九二三年、G型自動織機を開発し、生産性はさらに向上した。二六年には、自動織機を製造・販売するため、豊田自動織機製作所を碧海郡刈谷町に設立した。名古屋市西区則武新町にあるトヨタ産業技術記念館は、大正時代の紡績工場跡地に設立され、機械の動態展示やスタッフによる実演などで近代繊維産業の礎を現在、そして未来に伝える。

ほろ酔い・あいち

博物館明治村（犬山市）には、刈谷市銀座から移築された「菊《きく》の世《よ》酒蔵」（国登録有形文化財）が

半田赤レンガ建物(半田市。筆者撮影) 登録

ある。一八六八年(明治元)頃、新川町《しんかわ》(現碧南市)に穀物蔵として造られたものを菊の世廣瀬《ひろせ》酒造の仕込み蔵として一八九五年に移築した。一九六五年(昭和四十)に開館した明治村に保存され、蔵のなかには酒造りの道具が展示されている。

知多半島は、江戸時代から酒、米酢・粕酢《かすず》、味噌造りが盛んであった。明治時代になり、ビールの醸造も行われるようになった。半田市榎下町にある「半田赤レンガ建物」は、丸三麦酒《まるさんビール》株式会社のビール工場である。一八九七年九月一日に着工し、翌年十月三十一日に竣工した。この丸三麦酒設立に尽力したのは、盛田《もりた》善平《ぜんぺい》であった。盛田善平の叔父、中埜又左衛門《なかのまたざえもん》(四代目)からビール醸造業の事業を頼まれ、上京して独学でビール造りを学んだ。

一八八六年に丸三麦酒の設立願いを提出、同年許可が下り、中埜又左衛門を代表取締役に、盛田は常務取締役として一八九八年に竣工した半田新工場(半田赤

神谷伝兵衛銅像（西尾市。筆者撮影）

レンガ建物）では、銘柄を「加武登麦酒（カブトビール）」とした。

丸三麦酒は一九〇六年に人手に渡り、日本第一麦酒株式会社となり、一九〇八年には加武登麦酒株式会社に改称、二〇世紀初めには全国五位のシェアを占めるほど成長していた。さらに一九二二年（大正十一）に日本麦酒鑛《こう》泉《せん》株式会社、一九三三年には大日本麦酒に合併された。一九四三年に企業整備令により半田工場は閉鎖され、カブトビールの製造は終焉した。現在、赤レンガ建物において「復刻カブトビール」が販売されている。

二〇二三年（令和五）十月六日、国内初の本格的なワイン醸造所である牛久《うしく》醸造場（茨城県牛久市）を創設した、ワイン王・神谷伝兵衛《かみやでんべえ》の銅像除幕式が、生まれ故郷の西尾市一色町の松木島八幡《まつきじまはちまん》社で執り行われた。神谷伝兵衛は、一八八〇年、東京浅草ににごり酒一杯売りの店「みかはや銘酒店」を創業し、カクテル「電気ブラン」などで店は盛況を呈した。一八九七年、茨城県稲敷《いなしき》郡岡田村の原野、女《おな》化原《ばけはら》に神谷葡萄《ぶどう》園を開設。一九〇三年、隣接地に牛久醸造場を創業した。旧事務室、旧発酵室、旧貯蔵庫の三棟が国重要文化財に指定されている。晩年は郷里に帰り、一九一六年、経営危機に陥っていた三河鉄道（現在の名古屋鉄道三河線）の三代目社長に就任、経営再建を果たした。

尾西鉄道蒸気機関車１号(博物館明治村内。著者撮影)

つながる――鉄道と通信

一八八六年(明治十九)、熱田《あつた》―武豊《たけとよ》間に鉄道が開通した。愛知県で初めて敷設された鉄道である。中山道《なかせんどう》線(高崎―大垣)の工事用資材を武豊港から運搬するために開業した。旧武豊港駅構内には、一九二七年(昭和二)に設置された貨物用の転車台が残る。この転車台は、隣にあった旧ライジングサン石油の油槽所へ貨車を出入りさせるためのものだった。一九九九年(平成十一)、地元小学生が再発見し、町長に保存を要望、実現した。国登録有形文化財となっている。

明治村には、尾西鉄道で使用された蒸気機関車が保存されている。アメリカのブルックス社から購入した一八九七年製造のものである。尾西鉄道は、一九二五年(大正十四)に名古屋鉄道と合併し、尾西線として存続している。名古屋鉄道はかつての民間鉄道の歴史を乗せて今日も走りつづけている。

また、使用されたレールは、駅のホーム上屋や跨線橋《こせんきょう》の柱や梁《はり》として、再利用されることがあり、古レールと呼ばれている。レールには製造会社の刻印がいれられているため、一九世紀後半から二〇世紀初頭の鉄道黎明期には、機関車だけでなくレールもまた輸入品が使われたことがわかる。駅の改築により減少しているが、県内ではＪＲ東海道線や名古屋鉄道の一部の駅に残っている。名鉄名古屋本線本笠寺《もとかさでら》駅のホームの柱にも古レールが使われており、「COLORADO」「１９２０」と読むことができる。この古レールは、アメリカ合衆国のコロラド石油・鉄鋼会社の製造である。また、明治村では、刻印部分を切り取って保存している。

名鉄本笠寺駅ホーム上の柱に再利用された古レール(名古屋市南区。筆者撮影)

旧碧海郡依佐美《よさみ》村(現刈谷市)にあった依佐美送信所は、日本で初めての対ヨーロッパ無線通信施設である。世界最大級の大電力無線通信所として設立され、一九二九年に欧州向けに運用を開始した。ドイツ製のテレフンケン式発電機を使用した長波送信設備と高さ二五〇メートルのアンテナ鉄塔八基で成り立っていた。依佐美送信所記念館に当時の設備がほぼ保存されている。

豊富な木材と熱田兵器製造所

東京砲兵工廠熱田兵器製造所の水門跡。船の出入口として使用されていた(名古屋市熱田区。筆者撮影)

一九〇四年(明治三十七)、愛知郡熱田町(現名古屋市熱田区)に官営東京砲兵工廠《ほうへいこうしょう》熱田兵器製造所が設置された。熱田兵器製造所は、西側に東海道線、東側に精進川《しょうじんがわ》(一九一〇年に新堀川)にはさまれた地にあり、材料や製品の輸送に適していた。木曾の豊富な木材は、名古屋港から精進川を遡り、水門から敷地東南隅に設けられた貯木池に運ばれた。水門は今も護岸に残る。

大正時代のモ式(モーリス・ファルマン式飛行機)四型機の機体製造やサルムソン式飛行機(乙式一型偵察機)の木工技術、木材乾燥法により、三八式歩兵銃の木取《きどり》および乾燥、大砲の弾薬車、二輪輜重《しちょう》車、各種弾薬箱、観測器具、スコップ、ツルハシの柄に至るまでの木製兵器の製作を行った。

また、三河には矢作川の中流に位置する百々《どうど》貯木場があった。一九一八年(大正七)に竣工した、河川の中流域に位置する全国でも珍しい貯木場で、現在、貯水池、製造所跡などの主要な遺構をみることができ、豊田市指定文化財となっている。

(伊藤)

文化《ぶんか》のみち二葉館《ふたばかん》

↓p18

福沢諭吉の娘婿が住んだ名士が集ったサロン

名古屋市東区東二葉町に「二葉御殿」と呼ばれた和洋折衷の建物があった。福沢諭吉《ふくざわゆきち》の娘婿《むこ》で、電力王といわれた福沢桃介《ももすけ》(一八六八～一九三八)と日本の女優第一号として有名な川上貞奴《かわかみさだやっこ》が暮らした家だった。桃介は、明治末期から昭和初期にかけて日本の電力業界で活躍した。一九二〇年(大正九)建てられ、東側は洋風建築様式、西側は和風建物であった。名古屋の政財界や文化人の集うサロンでもあった。二〇〇〇年(平成十二)に移築復元工事が始められ、二〇〇五年に文化のみち二葉館(名古屋市旧川上貞奴邸)として竣工した。

筆者撮影

DATA
登録 名古屋市東区撞木町

青年団令旨碑壇《せいねんだんりょうじひだん》

↓p18

皇太子時代の昭和天皇から贈られた「おことば」を刻む

高さ三七〇センチの石製で門扉の形をなし中央にセメントモルタル製の令旨がはめ込まれている。本来は青銅製であったと思われる。背面に「名古屋市聯合《れんごう》青年團《だん》昭和五年十一月廿一日建之」の銘がある。明治天皇と昭憲《しょうけん》皇太后を祭神とする明治神宮を創建する際、全国から青年が奉仕にあたった。一九二〇年(大正九)十一月二十二日に皇太子(のちの昭和天皇)がそのときの青年の代表を東京高《たか》輪《なわ》の御用邸に招き述べた「おことば」(青年に賜《たまわ》りたる御令旨)で、碑が建てられた一九三〇年(昭和五)は、令旨下賜《かし》十周年にあたる。

筆者撮影

DATA
名古屋市昭和区鶴舞(鶴舞公園内)

瀬戸蔵《せとぐら》ミュージアム →P20

瀬戸蔵の二階と三階にあるやきものの博物館である。瀬戸焼が体感できるように陶器生産工房などを展示。名古屋鉄道旧尾張《おわり》瀬戸駅舎の一部も実物大で復元、瀬戸焼の歴史を数多くの陶磁器で解説する。

DATA 瀬戸市蔵所町

Re-TAiL（リテイル）ビル →p21

一宮市は繊維産業のまちである。一宮駅近くに一九三三年(昭和八)建築の旧尾西繊維協会ビルがある。繊維産業の繁栄を象徴する建物であった。高品質な布や糸を販売するショップとして再生した。

DATA 一宮市栄

一宮市尾西歴史民俗資料館《いちのみやしびさいれきしみんぞくしりょうかん》 →p21

一九八六年(昭和六十一)、木曽川《きそがわ》と美濃路《みのじ》が交わる起《おこし》に開館した。近代の毛織物産業の発展や鉄道敷設などを紹介。旧林家住宅(国登録)と昭和初期に作庭された旧林氏庭園(同)を公開する。

DATA 一宮市起字下町

半田赤《はんだあか》レンガ建物《たてもの》 →p19

一八九六年(明治二十九)に設立された丸三麦酒《まるさんビール》株式会社のビール工場として、一八九八年竣工。一九三三年(昭和八)に大日本麦酒に吸収合併しながらも存続。一九九六年(平成八)に半田市が購入。

DATA 登録 半田市榎下町

尾西鉄道蒸気機関車《びさいてつどうじょうききかんしゃ》1号《ごう》 →p20

尾西鉄道は、一八九六年(明治二十九)年に会社を設立、一八九八年に弥富《やとみ》—津島間、一九〇〇年に弥富—新一宮間が開業した。開業するにあたり、アメリカのブルックス社から購入した機関車である。

DATA 犬山市内山（博物館明治村）

旧国鉄武豊港駅転車台《きゅうこくてつたけとよこうえきてんしゃだい》 →p19

旧武豊港駅構内に残る貨物用の転車台は、一九二七年(昭和二)駅隣接地にあった旧ライジングサン石油(のちシェル石油)の油槽所へ貨車を出入りさせるために設置。直角二線式は国内唯一の遺構。

DATA 登録 武豊町金下

近代建築の立体図鑑 明治村

瀕死の明治建築を救う

愛知県では、二つの明治村が知られている。一つは碧海《へきかい》郡明治村である。一九〇六年(明治三十九)に七つの村が合併して淵辺《ふちべ》村が発足、そのわずか六日後に明るく治まる村という意味で明治村に改称された(一九五五年〈昭和三十〉に分割され、安城市、碧南市、西尾市に編入)。

もう一つが、一九六五年に開村した、財団法人博物館明治村である。明治文化に関する博物館であるが、明治建築を移築して保存を図るとともに公開する野外博物館である。

そのきっかけを作ったのは、建築学者の谷口吉郎《たにぐちよしろう》であった。すでに一九四〇年(昭和十五)に、一八八三年に建築された鹿鳴館《ろくめいかん》の取り壊しを目撃した際、新聞紙上に惜しむ声を掲載し、明治の博物館にすればよかったと提言された。戦後になり、その想いを旧制四高時代の同級生であった名古屋鉄道副社長(のち会長)土川元夫《つちかわもとお》に語った。その意に共鳴した土川と名鉄の支援により、一九六二年に財団法人の認可がおり、犬山市の入鹿池《いるかいけ》のほとりの丘陵地約五〇万平方メートルが名鉄から提供され、開村までに一五棟が移築復原された。西郷従道《さいごうつぐみち》邸、学習院《がくしゅういん》長官舎、森鷗外《もりおうがい》・夏目漱石《なつめそうせき》住宅、二重橋飾電燈、品川灯台など東京の建築だけでなく、聖ヨハネ教会堂(京都府)、東山梨郡役所(山梨県)、第四高等学校物理化学教室(石川県)、東松家《とうまつけ》住宅(愛知県)、安田銀行会津支店(福島県)、札幌電話交換局(北海道)など全国に及んだ。

「過去の建築は、歴史の証言者である」

明治文化の保存としても、絵画や彫刻、工芸品などは移動が容易で建物内に収納することができるのに対し、建築物は移動困難であり、それなりの移築復原費用や土地が必要である。

法隆寺《ほうりゅうじ》のような飛鳥《あすか》・天平《てんぴょう》文化、東大寺南大門《とうだいじなんだいもん》のような鎌倉文化、二条城《にじょうじょう》二之丸御殿のような桃山文化などに匹敵する明治の重要な建築物が、大正時代の関東大震災、

明治村内に移築された第八高等学校正門(左)と北里研究所本館・医学館(ともに筆者撮影) 登録

太平洋戦争の空襲で失われた。戦後も現在に至るまで消え続けている。それを移築によって救わなければならないというのが、谷口の戦前からの願いであり、民間事業者である土川や名鉄の力を得てここにかなったのであった。

現在では六七に及ぶ建物が移築・復原されている。今ここにある建物は、姿を消す運命にあったものばかりである。明治村がもし実現しなかったなら、歴史の証言者に出会うことはなかった。

現在、建造物は、一一件が国重要文化財、一件が愛知県有形文化財、歴史資料では三件が国重要文化財に指定され、国有形登録文化財五二件が登録されている。

なにより明治村の建築が映画やドラマのロケ地として活用されていることである。セットにない実物のもつ力―明治の魂―が制作者や俳優を明治村に足を運ばせている。本来なら国の行うべき事業と思われるし、企業博物館は数多く存在するが、一企業の全面的協力により日本の明治文化を救い、普及啓蒙する博物館はないのではないか。このような博物館が愛知県にあることは県民の誇りである。

(伊藤)

10章 戦争・戦災・復興——大正と昭和の半世紀

第一次世界大戦から太平洋戦争の敗戦にいたる期間、愛知県にも戦争や戦災による多大な影響が及んだ。大正時代の三度の軍縮による新兵器導入や部隊改編、戦争動員、軍需産業、空襲の被害などの実情を関連遺跡で振り返る。

第一次世界大戦の戦訓と兵器開発

渥美《あつみ》半島の先端、田原市小中山《こなかやま》町には、キャベツ畑のなかにひときわ目立つ建物がある。コンクリート製六階建ての気象兼展望塔である。一九四五年(昭和二十)まであった陸軍第一技術研究所伊良湖《いらご》試験場の施設の一つである。試験場は、陸軍の大砲や弾薬の性能を調べるため、一九〇一年(明治三十四)に竣工した。試作した大砲のほか、輸入品や鹵獲品《ろかくひん》(戦利品の大砲)も調査した陸軍最大の試験場であった。ここでの性能試験を経て合格した大砲や弾薬、信管が陸軍工廠《こうしょう》で製造された。明治時代の大砲試験は、射程距離が八〇〇〇メートル程度だったので、地上の着弾穴(クレーター)を計測したり、弾片を回収したりすることができた。

第一次世界大戦後には特別研究費として多くの予算がついた。大砲の性能が著しく増し、弾丸の飛距離は一万メートルを超え、太平洋上に着水するようになった。その位置を計測するため、一九一九年(大正八)に一色《いっしき》観測所(田原市和地《わじ》町)、右禅坊《うぜんぼう》観測所(同小塩津《こしおづ》町)などが建設された。離島観測所は、一九二九年(昭和四)に三重県鳥羽市の神島《かみしま》、一九三五年に菅島《すがしま》と射線《しゃせん》正面にあたる石鏡《いじか》町の石鏡観測所が設けられた。神島観測所は、三島由紀夫《みしまゆきお》の小説『潮騒《しおさい》』に監的哨《かんてきしょう》として登場する。

第一次世界大戦で新たに登場した兵器が、戦車、飛行機であった。飛行機の製造は、東京砲兵工廠熱田《あつた》兵器製造所で一九一八年に製造が始められていたが、一九二〇年、愛知郡千種町(現名古屋市千種区)に発動機工場として東京砲兵工廠名古屋機器製造所が開設された。当時の発動機はすべて製造できた工場であった。

気象兼展望塔(右)と無線電信所(田原市。筆者撮影)

同年、名古屋港の東側第六号地に三菱造船から分離して、三菱内燃機製造株式会社名古屋工場が発足し、航空機機体や発動機の製作を始めた。翌二一年、三菱内燃機株式会社、さらに二二年に三菱航空機株式会社、三四年に三菱重工業株式会社名古屋航空機製作所と改称された。零式艦上戦闘機、雷電局地戦闘機、一式陸上攻撃機、一〇〇式司令部偵察機などが製作された。

第三師団と日中戦争・太平洋戦争

一八八八年(明治二十一)に公布された師団令により、名古屋鎮台は第三師団に改編された。師団は、戦地において敵と一会戦戦うことが可能な集団であった。師団創設期の隷下《れいか》部隊には、名古屋の歩兵第六聯隊《れんたい》、野戦砲兵第三聯隊、騎兵第三聯隊、工兵第三大隊、輜重《しちょう》兵《へい》第三大隊、名古屋衛戍《えいじゅ》病院、豊橋の歩兵第十八聯隊、石川県金沢の歩兵第七聯隊があった。日中戦争(一九三七〜四五年)時には、岐阜の歩兵第六十八聯隊、静岡の歩兵第三十四聯隊、静岡県三島の野戦重砲兵第二聯隊、第三聯隊、静岡県浜松の高射砲第一聯隊、岐阜県各務原の飛行第一・第二聯隊などが加わり大部隊を編制していた。

工兵隊作業場のトーチカ(豊橋市。筆者撮影)

一九三七年(昭和十二)、第三師団は、第十一師団(善通寺《ぜんつうじ》)とともに上海《シャンハイ》派遣軍の指揮下のもと、呉淞《ウースン》に上陸した(第二次上海事変)。このときの戦死者を慰霊するため、生前の将兵の姿を等身大で製作した軍人像が名古屋市千種区の月ケ丘《つきがおか》墓地にあったが、一部が知多郡南知多町の中之院《なかのいん》に移設されて残る。日中戦争では一九三八年の徐州《じょしゅう》会戦、武漢《ぶかん》作戦に参加した。太平洋戦争開戦後も第三師団は大陸に残り、一九四四年四月から大陸打通作戦の湘桂《しょうけい》作戦に参戦して広西省に侵攻、九月零陵《れいりょう》飛行場、十一月桂林《けいりん》第一飛行場を占領した。この作戦は、飛行場を占領し、アメリカ軍のボーイングB29戦略爆撃機が中国の飛行場から日本本土を空襲することを阻止することにあった。飛行場の占領には成功したが、実際にはさらに奥地の四川省成都《せいと》の飛行場が使用されたため、目的を達成することはできなかった。

一九二五年(大正十四)の第三次軍備整理(宇垣《うがき》軍縮)には、一九〇八年に渥美郡高師《たかし》村(現豊橋市)に設置された第十五師団を廃止することが含まれていた。騎兵第十九聯隊跡地には福岡尋常小学校が移転してきたが、それ以外は軍用地のまま残された。一九二七年(昭和二)、野砲兵第二十一聯隊跡地には、高射砲第一聯隊が設置された。向山《むかいやま》の工兵第十五大隊跡地には、名古屋から工兵第三大隊が移駐した。豊橋市向山町には、レンガ造の建物が一棟残る。また背後の丘は作業場であった。その中央付近にコンクリート造トーチカが一基残り、戦後になって戦友会が建てた慰霊碑が上部に建つ。

トーチカは、ロシア語で「火点」という意味があり、大砲や機関銃を建物内部に配置して射撃する施設である。このトーチカは、平面形は六角形をしており、銃眼は三方に開いている。高さ約二・三メートル、コンクリートの正面厚は約一メートルと推定される。参謀本部が作成した「「ソ軍」国境築城情報記録」によると、ソ連軍のトーチカでもっとも多いのが亀甲形で、高さ一・八～二メートル、壁厚正面〇・八～一メートル。工兵隊作業場のトーチカは、東寧《とうねい》正面大烏蛇河川岸で確認されたソ連軍のトーチカに極めて似ている。東寧は、第三師団が一九三四年から約二年駐屯していた場所である。一九四一年七月の関東軍特種演習(関特演)の動員令に関連して、対ソ戦を想定して構築したものとすると、国内唯一の遺構である。

海軍の兵器生産

一九一六年(大正五)になり、第一次世界大戦の戦火の拡大によって、欧州製品のアジア市場への輸

愛知航空機永徳工場の辷（すべ）り（名古屋市港区。筆者撮影）

出が著しく減少した。代わって日本製品のアジア輸出が好調となり、空前の好景気が到来した。名古屋では、とくに繊維工業が著しく生産額を伸ばすなか、化学工業（とりわけ陶磁器業）、機械器具工業、車輌製造業が急成長を遂げた。機械器具類の生産では、豊田《とよだ》佐吉《さきち》が一九一八年に豊田紡織株式会社を設立し、自動織機生産を開始した。大戦によりイギリスからの輸入の途絶えた紡織機械の代わりを果たし、繊維工業を支えたのである。

　機械器具類のなかでもっとも生産額の多かったのは、時計であった。愛知時計電機株式会社は、時計と電機の二部に分け、電機部門において各種通信器、精密兵器の製作を行っていた。時計生産が材料の輸入困難を受けて伸び悩むなか、軍需品生産が比重を占めていく。一九二〇年から航空機生産を本格化させ、一九四〇年（昭和十五）には海軍管理工場となる。四三年には愛知航空機株式会社を設立し、機体および発動機製造部門を移した。愛知六試水上偵察機、九六式艦上爆撃機、九九式艦上爆撃機、零式水上偵察機、艦上爆撃機「彗《すい》星《せい》」、潜水艦搭載特殊攻撃機「晴嵐《せいらん》」など五三五二機を製造した。機体を製造した永徳《えいとく》工場は、現在の名古屋市港区野跡《のせき》一丁目、五丁目にあった。跡地の庄内川河口の左岸には、水上を揚げ降ろしする滑走台（辷《すべ》り）と呼ばれるコンクリート製の斜路が残る。東側の突堤は船着き場になっている。

　一九三七年の盧溝橋《ろこうきょう》事件をきっかけに日中戦争が始まると、海軍では艦船や航空機、それに搭載する大量の機銃や弾丸の製造が急がれた。新たな海軍工廠としてA廠、第二A廠が計画された。A廠は光海軍工廠(現山口県光市)として魚雷と機雷、第二A廠は豊川海軍工廠として機銃と弾薬の製造が計画された。豊川海軍工廠は、一九三九年に開庁した。終戦前には、機銃部、火工部、光学部、指揮兵器部、器材部があり、約七〇〇棟の工場が操業していた。三十ミリ機銃は九〇パーセント、七・七ミリ機銃や十三ミリ機銃は一〇〇パーセント生産されていた。

現在、常滑市内の商店などで看板として使用されている伊奈《いな》製陶(のちのINAX)の大甕は、呂《ろ》号兵器(呂はロケットを指す)の開発のために必要な容器であった。ドイツ空軍のロケット推進戦闘機メッサーシュミットMe163(コメット)を模倣したこの兵器は、一九四四年四月、陸海軍と三菱重工業の共同で開発された。同年七月、この燃料製造過程で使用する容器(耐酸炻器《せっき》)の生産が海軍省燃料局から常滑の伊奈製陶へ命令され、大小の貯蔵槽、各種パイプなどが製造された。翌年、局地戦闘機「秋水」の試作機が完成し、七月七日、横須賀海軍航空隊追浜《おっぱま》飛行場で試験飛行が行われたが、エンジントラブルにより、失速して大破し失敗に終わった。

呂号兵器用耐酸炻器(常滑市。喫茶壺樽水店。筆者撮影)

空襲・戦災、そして復興へ

太平洋戦争では、南方からの資源輸送がアメリカの潜水艦による攻撃で立ち行かなくなると、兵器生産に使用するため、家庭や学校、

陶製梵鐘（法雲寺内。筆者撮影）市指定

会社などあらゆる場所から金属が回収された。その金属の代用品が陶磁器で製作された。瀬戸市深川町の法《ほう》雲寺《うんじ》では、梵鐘《ぼんしょう》を供出したため、陶製の梵鐘が製作され鐘楼に吊り下げられた。このような鳴らない鐘は、現在でも貞照院《ていしょういん》（碧南市霞浦町）の陶製、圓明寺《えんめいじ》（名古屋市東区泉三丁目）の石製、大覚寺《だいかくじ》（みよし市打越町）のコンクリート製など三〇基が残り、当時の住職や檀家の苦悩を伝えている。

　一九四四年（昭和十九）十二月十三日、名古屋へのアメリカ軍B29による初空襲があった。標的となったのは、名古屋市東区の三菱重工業名古屋発動機製作所であった。陸軍機、海軍機の発動機生産では国内一の大工場であった。そのため、国内の航空機工場に対する空襲では、国内第一位となる二六六八・五トンの爆弾が投下された。同様に愛知航空機永徳工場は八一七・八トン（第三位）、中島飛行機半田製作所は五四四・三トン（第八位）と、愛知県内の航空機工場は、全体の三分の一を占めていた。三菱重工業名古屋発動機製作所跡地は、住宅、学校、野球場などに変貌を遂げたが、付近の茶屋ヶ坂《ちゃやがさか》公園（名古屋市千種区）には爆弾穴が残り、鍋屋上野《なべやうえの》浄水場の旧第一ポンプ所（市指定有形文化財）のレンガ壁や隣接する神葬墓地の墓碑に被弾痕が残る。

　一九四五年（昭和二十）五月十四日の名古屋市街地への空襲では、名古屋城天守や本丸御殿が炎上し焼失した。西の丸にある榧《かや》の木(国天然記念物)は、幹に炭化した痕が生々しく残る。

中小都市への空襲では、豊橋市は六月二十日、一宮市は七月十三日、二十八・九日、岡崎市は七月二十日にあり、市街地中心部が灰燼《かいじん》に帰した。岡崎市中町の天満宮の牛像や両町の常夜燈《じょうやとう》に被災の痕が残る。

敗戦後、名古屋市では復興都市計画が行われた。市街の中心部に幅一〇〇メートルの道路が、東西南北十字形に設定された。また近世以来市街にあった寺院の墓地が東郊の平和公園に集団移転した。全国の動物園では、戦時下猛獣の処分が行われたが、東山動植物園(名古屋市東山区)では、生き残った象を全国の子供たちに見せるため、象列車を仕立て多くの子供たちを運んだ。この話は絵本『ぞうれっしゃがやってきた』として語り継がれている。

伊良湖集落移転百周年記念碑(田原市。筆者撮影)

一九〇五年(明治三十八)、伊良湖《いらご》集落は、伊良湖試験場拡張により、射撃の妨げの位置になることから、宮山の背後に移転させられた。二〇〇五年(平成十七)、伊良湖自治会では集落移転一〇〇周年を迎え、柳田国男《やなぎたくにお》『遊海島記』の「願わしきものは平和なり」を碑文に選び記念碑を建立した。「これからも人々が平和を堅持し幸せに暮らせることを願」って。

(伊藤)

愛《あい》知《ち》大《だい》学《がく》記《き》念《ねん》館《かん》

↓P25

陸軍の旧師団司令部跡を利用

　第十五師団は、日露戦争中に大陸で編成された。日露戦争後、一個師団を東海道筋に設置することになり、沼津、浜松、豊橋、岐阜が誘致活動をした。一九〇八年(明治四十一)、渥《あつ》美《み》郡高師《たかし》村に第十五師団の兵営が設置された。大正軍縮により廃止後、一九二七年(昭和二)に豊橋陸軍教導学校、三八年に豊橋陸軍予備士官学校となり敗戦を迎えた。戦後、上海の東亜《とうあ》同文書院《どうぶんしょいん》大学の学長本間喜一《ほんまきいち》が帰国し、四六年、愛知大学をこの地に創設。旧司令部を大学本部として一九九六年(平成八)まで使用した。構内には正門、将校集会所、講堂などが残る。

筆者撮影

DATA

登録　豊橋市町畑町

笠《かさ》寺《でら》高《こう》射《しゃ》砲《ほう》陣《じん》地《ち》跡《あと》

↓P18

旧石器~室町時代の遺跡に残る

　一九四二年(昭和十七)、熱田《あつた》神宮や軍需工場などを防衛するため、八八式七糎《せんち》野戦高射砲四門を配備。四三年には砲台がコンクリートで造られ、高射砲も六門と増強される。戦後、陣地跡は笠寺公園となった。公園整備にともない、六四年から見晴台遺跡の発掘調査が開始され、発掘により高射砲部品、工具などが出土。七五年に発掘調査団が書いた、「高射砲陣地跡も古代と現代を結ぶ糸として重要である」という指摘は、戦争遺跡で国内最初。調査団の要望により公園内に砲台跡二基が残される。出土品は見晴台考古資料館で展示されている。

筆者撮影

DATA

名古屋市南区見晴町

「聖《せい》蹟《せき》」碑《ひ》

↓P25

市街を見下ろす向山《むかいやま》の高台に由来碑とともに建つ。昭和天皇は、一九二七年(昭和二)に愛知県で実施された陸軍特別大演習を統監《とうかん》、豊橋へ立ち寄った際の記念碑。一九二九年竣工。

DATA 豊橋市向山町

工《こう》兵《へい》隊《たい》作《さ》業場《ぎょうじょう》のトーチカ

↓P25

向山の丘に建設され、その規模・形は、ソ連沿海州のトーチカと類似する。一九四一年(昭和十六)の関特演で対ソ戦を想定していた証となる国内唯一の遺構と推測される。

DATA 豊橋市向山町(向山緑地内)

鶴《つる》舞《ま》公《こう》園《えん》

↓P18

一九〇九(明治四十二)に整形式と回遊式の日本庭園を併せ持った、名古屋市初の市立公園として開園した。一九一〇年に第一〇回関西府県連合共進会(博覧会)会場となった。当時の噴水塔が残る。

DATA 登録 名古屋市昭和区鶴舞

依《よ》佐《さ》美《み》送《そう》信《しん》所《じょ》記《き》念《ねん》館《かん》

↓P23

依佐美送信所の主要設備を保存する。世界最大級の大電力無線通信所として設立。一九二九年(昭和四)から欧州向けに運用を開始した。長波送信設備は、機械遺産・産業遺産として重要である。

DATA 刈谷市高須町

陶《とう》製《せい》梵《ぼん》鐘《しょう》

↓P20

瀬戸市唯一の陶製梵鐘。太平洋戦争中、梵鐘が金属供出されたため、鐘楼《しょうろう》の倒壊を防ぐために陶製の代替品を重しとして吊り下げた。一九四二年(昭和十七)十月から一九五五年十月まで使用された。

DATA 市指定 瀬戸市深川町(法雲寺内)

名《な》古《ご》屋《や》市《し》東《ひがし》山《やま》動《どう》植《しょく》物《ぶつ》園《えん》

↓P18

東山丘陵に一九三七年(昭和十二)開園した、動物一万五〇〇〇点以上、植物七〇〇〇種を展示する日本一の動植物園。植物園温室前館は開園当時のもので日本最古の温室として国重要文化財に指定。

DATA 名古屋市千種区東山元町

11章 祭りと芸能——今日に続く祈りとにぎわい

尾張と三河、旧二国の異なる歴史と文化、さらに山地・平野・海岸・島など多様な地域環境、それらの強烈な個性は民俗色が濃く出る祭礼行事で見ることができる。本章では愛知県が誇る文化遺産である祭りと芸能からその特色を概観する。

鎮魂の霜月神楽・花祭り

愛知県東北部の奥三河《おくみかわ》では、山村特有の豊かな自然と民俗を背景に、多くの祭りと芸能が日常生活のなかで育まれて来た。この地が「民俗芸能の宝庫」といわれるゆえんである。もっとも知られた祭りが「花祭《はなまつ》り」。現在(二〇二三年時点)は十一月から翌年一月にかけ、北設楽《きたしたら》郡の東栄町《とうえいちょう》、豊根村《とよねむら》、設楽《したら》町《ちょう》の十四地区で伝承されている。

花祭りは神仏混合の要素が強い鎮魂の神楽《かぐら》で、霜月《しもつき》(旧暦十一月)に、衰えた太陽と衰退した人々の魂復活のために行われてきた。各地から神を迎えたのち、神事と芸能で神々と交わり、それが終われば神送りをした。つまり人と神が融合する神事芸能なのである。それは修験者《しゅげんじゃ》が伝えたといい、天竜《てんりゅう》川《がわ》上流の三信遠《さんしんえん》地域南端に分布する湯立《ゆだて》を中心とする霜月神楽の一類型である。さらに花祭り分布圏の北、豊根村大谷《おおたに》では別系統の「御神楽《みかぐら》」を伝えている。

地元では花祭りを「花」と呼んだ。その会場が花宿で、現在は公共の施設などであるが、かつては民家が臨時の祭場になった。土間に結界を設けて竈《かまど》を築き、多くの切紙《きりかみ》などで荘厳《そうごん》した。そこが数々の神事と舞を繰り返す舞台になりマイド(舞庭)といった。

生活環境の厳しい山村に住む人々の安穏を祈る精神が花祭りにはある。それは村中や家内安全、さらに子孫繁栄と五穀豊穣《ごこくほうじょう》、ここに住む者すべてが健康に暮らせることを神々に願った年中行事である。とくに舞の種類は、成長により段階がある年齢階梯《かいてい》制であったが、地域に人が少なくなった現在では昔語りになりつつある。

豊作を祈る芸能・田楽と田遊び

作物の豊作を神仏へ祈願する「田楽《でんがく》」や「田遊び」も三河各地には多い。なかでも新城市の鳳来寺《ほうらいじ》と黒沢《くろさわ》(二〇一八年〈平成三十〉から休止)、設楽町の田峯《だみね》、これらに伝わる田楽を「三河三田楽」と呼び、古くから先の花祭りとともに研究者などから注目されてきた。その次第には豊作祈願だけでなく、猿楽能《さるがくのう》の発生を思わせる、翁《おきな》などの語りが含まれていたからである。もともと仏堂で正月に執り行われた、その年の吉祥を祈る修正《しゅじょう》会《え》最後の行法であった。田峯では、神楽(昼田楽・額堂《がくどう》)、田遊び(夜田楽・観音堂《かんのんどう》内)、田楽能(朝田楽・庭)と、ときと場所で内容が異なる演出構成である。

田遊びは神仏の御前で農作業の所作《しょさ》を模擬的に行い、五穀豊穣を祈願する素朴な芸能である。滝山《たきさん》

きねこさ祭り(名古屋市中村区。愛知県提供)

寺《じ》(岡崎市)の鬼祭りも修正会で、本堂前の庭で田遊びのあと、火祭りとなり、本堂の周りを鬼とともに巡る。豊川市の菟足《うたり》神社「田祭《たまつり》」、砥鹿《とが》神社「田遊祭《たあそびさい》」、財賀《ざいか》寺《じ》「御田植祭《おたうえまつり》」では農作業を実演し、さらに「でんでんがっさり」(岡崎市・山中《やまなか》八幡宮)、「テンテコ祭り」(西尾市・熱池八幡社《にいけはちまんしゃ》)などでは、象徴的な行為を取り込むのである。また尾張には「きねこさ祭り」(名古屋市中村区・岩塚七所社《いわつかしちしょしゃ》)がある。これら行事の多くには歳神《としがみ》や穀霊《こくれい》の象徴として幼子《おさなご》の人形が登場し、そのシンボルが巨大化し神輿《みこし》へと変容した小牧市・豊年祭《ほうねんまつり》の例も存在する。子宝を願う庶民の切実な信仰が背景にはある。

風流の芸能・祖先供養から雨乞い

風流《ふりゅう》の芸能も三河地方の盆《ぼん》に多い。念仏だけの素朴な行事が綾渡《あやど》(豊田市)の「夜念仏《よねんぶつ》」で、小さな鉦《かね》をたたきながらの念仏後、下駄の音もにぎやかな手踊りが

大海放下（新城市。筆者撮影）

ある。さらに山里の盆には太鼓踊《たいこおど》りが各地に残る。手に締《しめ》太鼓をもってたたきながら踊る「ハネコミ」は、新城市北部から田峯、長野県境の豊根村まで分布する。それぞれの地域で特色がみられる。また胸に太鼓、背に大団扇《おおうちわ》を着けて踊る「放下《ほうか》」は、大海《おおみ》（新城市）周辺に分布する。行事では祖先を弔《とむら》うだけでなく風流《ふりゅう》（社寺や祭礼などが華美なようす）の情景が唄われる。これらは地域を挙げて送る新盆の行事だからこそ残った。ほかに豊川下流域周辺に、大太鼓一、小太鼓二の三人で編成する「笹踊《ささおど》り」が二十カ所余にみられ、神霊《しんれい》を宿す鉾《ほこ》の移動とともに踊るところが多い。

風流太鼓踊りは雨乞《あまご》いとの関係が深い。西三河の野《の》田《だ》（刈谷市）では「笠踊《かさおど》り」が八月末に野田八幡宮である。地面に置いた大きな締太鼓を、二人で天を仰ぎながら風流唄に合わせて踊る。碧海《へきかい》台地に遺存《いそん》する雨乞い踊りだ。尾張《おわり》では一宮市北方《きたがた》の「ばしょう踊」が唯一である。胸に太鼓、背に竹を割って色紙で飾った物を着け、ほかに小鉦をもった子供が入る。伊吹山《いぶきやま》山麓風流踊りの東南端に分布する太鼓踊りである。さらに愛知では珍しい風流一人立ち獅子舞が「だんつく獅子」(東浦町藤江《ひがしうらちょうふじえ》)である。胸に太鼓と雌雄《しゆう》の獅子頭を頭に着け、囃子《はやし》と風流唄に合わせて踊る。関西の風流太鼓踊りと、関東の三匹獅子舞との関係が考えられる。

太神楽と獅子舞・獅子芝居から曲獅子

獅子舞は愛知でも古い歴史がある。たとえば行道《ぎょうどう》(練り物)用と思われるが、日置《へき》八幡宮(愛西市)の獅子頭は建長《けんちょう》四年(一二五二)の在銘で日本最古、知立《ちりゅう》神社にも同時代作品が伝来する。また篠島《しのじま》(南知多町)で正月に登場するオジンジキ様は獅子頭で御神体と同様である。その頭は紙垂《しで》で覆われるだけでなく、姿を見ることも遠慮され、これは伊勢《いせ》の御頭《おかしら》神事から影響を受けている。

県全域に分布した民俗芸能の一つが神楽系の獅子舞である。その普及には三河《みかわ》や尾張から万歳《まんざい》同様に旅をした太神楽《だいかぐら》が担った。小坂井《こざかい》(豊川市)や別所《べっしょ》(安城市)、形原《かたはら》(蒲郡市)などに本拠地があり、獅子頭を携えて祓《はら》いながら各地を訪れた。とくに人気を呼んだ出し物が、歌舞伎《かぶき》芝居の女形《おやま》だけがおもに獅子頭を着けて演じた獅子芝居である。これは、三河の太神楽から生まれたが、尾張に伝わると洗練されて独特な芸風に発達し、専門の旅役者まで輩出したほどである。神楽なので必ず芝居の前に幣《へ》の舞《まい》を入れた。現在では隆盛を誇った尾張の芸風を伝えるところは少なくなった。それでも板山《いたやま》(半田市)など各地の幣の舞にかつての面影が残る。

獅子神楽・幣の舞(蒲郡市観光まちづくり課提供)

曲芸の獅子舞も多い。その一つ、高さ一〇メートル近い櫓《やぐら》の丸太上で、二人立ちの獅子舞を演じる「梯子《はしご》獅子」が、大脇《おおわき》(豊明市)と朝倉《あさくら》(知多市)に伝わる。前者には各種の神楽獅子、さらに一本竹《いっぽんだけ》と吊《つ》るし竹の軽業も演目にある。成岩《ならわ》の大獅子と小獅子(半田市)は、前者が伊勢の神楽獅子からの影響、後者には曲芸を含む滑稽《こっけい》的な要素が含まれる。このほかにも愛知の獅子舞は見逃せないものが多い。

獅子頭を納め太鼓を叩く屋形《やかた》が発達した。それは太神楽の屋形で、江戸時代には名古屋城下の仏壇産業と結びつき、当地の名物番付にも載った。名古屋から尾張、三河、美濃《みの》までの広い範囲に供給された。愛知県西南部では、彫刻や金箔《きんぱく》など屋形の豪華さだけでなく、太鼓の音色と技でも競ったので、伝統的な曲太鼓(尾張《おわり》新次郎《しんじろう》太鼓保存会)も誕生する。さらに獅子舞は消えても屋形だけが、囃子台や太鼓台として祭りで現在も活躍するところが多い。その太鼓の音こそ秋に期待した

からくり人形芝居「平治合戦」（知多市岡田町里組。筆者撮影）

豊作の象徴である。

都市祭礼の華・山車祭り

今では愛知県の文化政略の一つが山車《だし》祭りである。その系譜は近世とそれ以前とでは大きく異なる。尾張では大山《おおやま》と車楽《だんじり》が古い形態の山車で、前者は人形芸能、後者は稚児舞《ちごまい》と、担当する芸能の役割が存在した。三河では豊川下流域などに風流要素満載の古い形態の山車祭礼が遺存する。

江戸時代になると、尾張で尾張徳川家が一国を支配したのに対し、三河では多くの藩で形成された政治的な背景が、山車祭礼の傾向にも影響を与えた。尾張は名古屋城下の東照宮《とうしょうぐう》祭礼に、大山の人形文化を受け継ぐからくり人形搭載の名古屋型山車が流行する。そのほか犬山《いぬやま》型（犬山祭）や知多型（亀崎潮干祭《かめざきしおひまつり》）など地域色ある山車形態も生まれた。尾張の大山（熱田《あつた》や津島《つしま》の天王祭《てんのうさい》）は明治時代には消えた。三河は都市祭礼の申し子である山車も各地からの影響を受け多彩な形態を生み出した。小坂井や牛久保《うしくぼ》（以上豊川市）のように古い風流系の要素を含むものから、さらに発展させた三谷《みや》（蒲郡市）、足助《あすけ》、挙母《ころも》（以上豊田市）など独特な祭礼も多い。そして旧東海道《とうかいどう》の宿駅などへ普及する。

江戸時代中期、名古屋城下町の祭礼に精巧な人形を上方から購入すると、のちに当地でも専門の細工人が登場し製作するようになる。そして江戸時代後期には名古屋城下町から各地へ供給できるまでに発達する。演目には竹田からくりの伝統を受け継ぐことから曲芸が多い。また知立(知立市)から知多半島の上野間《かみのま》(美浜町)に日本でも唯一、からくり人形で浄瑠璃《じょうるり》芝居を演じる分布圏がある。さらに三番叟《さんばそう》や山車文楽《ぶんらく》などの三人遣《つか》い人形も、山車を舞台にする芸能としてほかに例がない特色である。

次世代につなげる努力が必要

まだまだ愛知県には、ここで語り尽くせないほど特徴ある祭りと芸能が、年中行事として伝えられてきたのである。このような無形の民俗文化遺産は、ユネスコ登録だけでなく、近年の文化財保護法改正により活用が叫ばれるようになった。だが現場である保存会などでは大きな問題をいくつも抱えている。古くは地域の若者組から、熱意のある住民や子供会による伝承活動へ移ったが、近年ではさまざまな事情でコミュニティー活動が崩壊した結果、伝承自体が瀕死《ひんし》の状態に陥っている。それに加えムラの消滅、少子化、動物愛護や人権問題、ジェンダーなど課題も多い。時代に適応した伝承方法を模索し、誇るべき愛知の祭礼文化を、次世代につなげる努力が必要である。

(鬼頭)

国府宮《こうのみや》の儺追祭《なおいまつり》

尾張国府と関連深い神事

↓P21

旧暦一月十三・十四日。尾張《おわり》国府と関係があった行事と考えられ、神仏習合要素が強い修正会の伝統を受け継ぐ。旧正月十三日の夕刻、神籤《みくじ》で決められた神男《しんおとこ》に触れて厄《やく》から逃れようと、多くの裸男が揉み合うので裸祭りと呼ばれる。その前には儺追笹奉納の一群が各地から続く。

境内に神男が登場している間は神職が拝殿先で、大鳴鈴《おおなるすず》などを取り付けた大榊《おおさかき》を振る。その深夜に庁舎で神男は、神灰を搗《つ》きこんだ土餅《つちもち》と人形を背負い、参拝者から桃と柳の小枝で作った礫《つぶて》が投げられ、大鳴鈴の音とともに追い払われる。

「神男」が土餅を背負っている場面（尾張大國霊神社提供）

DATA

県指定 尾張大國霊神社（国府宮。稲沢市国府宮）

鳥羽《とば》の火祭《ひまつ》り

その年の天候・豊凶を占う

↓P23

二月第二日曜日。鳥羽の地域を福地《ふくじ》（西）と乾地《かんじ》（東）に分け、どちらが勝つかで天候や農作物の作柄を占う行事。神明社《しんめいしゃ》境内に立てられた竹と茅で作った二つの大松明のすずみを燃やし、中に納めてある神木と十《じゅう》二《に》縄《なわ》をどちらが早く取り出し、神前に供えるかを競う。

日中に三《み》河《かわ》湾で身を清めた奉仕者が、古幟《ふるのぼり》の裂《きれ》で作った衣装を着て、燃えさかる大すずみに梯子をかけてよじ登り、揺さぶって燃えやすくする。頭巾などの姿から奉仕者はネコと呼ばれる。すずみの燃え方でも占いがある。

西尾市観光協会提供

DATA

重文 神明社（西尾市鳥羽町）

石刀祭《いわとまつり》

→P21

四月十九日か以降の日曜日。尾張地方平野部の祭礼要素を良く残す。頭人《とうにん》の行事、からくり人形を搭載する三輌の犬山型山車《だし》、そして飾り馬。「吉田《よしだ》の駈け抜き」で祭りは終わる。

DATA　県指定　一宮市今伊勢町（石刀神社）

祖父江《そぶえ》の虫送《むしおく》り

→P21

七月十日前後の土曜日。「尾張の虫送り行事」名で県指定。夏の田圃《たんぼ》に発生する害虫を駆除する行事で、麦藁《むぎわら》の実盛《さねもり》人形を先頭に田圃をまわり最後に燃やす。伝統継承のため地域の行事とした。

DATA　県指定　稲沢市祖父江地区

尾張冨士《おわりふじ》の石上《いしあ》げ祭《まつり》

→P20

八月第一日曜日。尾張冨士が本宮山《ほんぐうさん》と高さを競った故事に由来する。日中は麓《ふもと》から頂上にある奥の宮へ、多くの人で石を担ぎ上げる。暮れると松明の縄を振り回しながら降りてくる。

DATA　県指定　犬山市冨士山（尾張冨士大宮浅間神社）

手筒《てづつ》・綱火《つなび》・建物花火《たてものはなび》

→P25

おもに春から秋の祭礼。東三河を中心に手筒花火が盛んである。その火の粉をあびると厄除けになる。また伝統的な和花火の綱火(豊川進雄《すさのお》神社。県指定)や建物花火(菟足《うたり》神社)も必見。

DATA　東三河各地

参候祭《さんぞろまつり》

→P24

十一月第二土曜日。霜月《しもつき》の湯立神楽《ゆだてかぐら》。津島《つしま》神社境内で、七福神が「さんぞうろう(参候)某は」と順に登場し、禰宜《ねぎ》と問答の後、湯立を行う。元は田楽であったとも。

DATA　県指定　設楽町三都橋（津島神社）

古戸《ふっと》の白山祭《はくさんまつり》

→P24

十二月第二土曜日。この祭りから古戸の花祭りは始まる。集落から望む白山権《ごん》現《げん》で神事が行われ、通常の舞のほか、錦殿からの布に包まれた御神宝「お珠」を奉持してお珠の舞を舞う。

DATA　東栄町古戸（古戸白山神社）

12章 愛知県と災害

愛知県を襲った災害には、一八九一年(明治二十四)に発生した濃尾地震、一九五九年(昭和三十四)に上陸した伊勢湾台風などが知られているが、ここでは、より身近な災害である河川の氾濫をテーマに、人々がどのように洪水と向かい合ってきたかを紹介したい。

木曾川——国境を画する大河の治水

木曾川《きそがわ》、長良《ながら》川、揖斐《いび》川は木曾三川《さんせん》と総称され、いずれも長野県、岐阜県の山間部を水源とし、濃《のう》尾《び》平野を乱流して伊勢《いせ》湾に注いでいる。

もっとも東側を流れる木曾川が、古くから尾張《おわり》と美濃《みの》、伊勢との国境とされていたが、過去には、流路が変わるほどの洪水も発生している。古くは、奈良時代の記録である『続日本紀《しょくにほんぎ》』の神護景雲《じんごけいうん》三年(七六九)の記事に、尾張国からの報告として、「美濃国との境となっている鵜沼《うぬま》川(木曾川)が氾濫《はんらん》し、葉栗《はぐり》、中島《なかしま》、海部《あま》の三郡の民家や耕地に被害を与えるとともに、流路が変わった」とし、「尾張国府《こくふ》や国分寺《こくぶんじ》、国分尼寺《にじ》は決壊地点の下流にあたり、放置すれば被害が及びかねない」ことから、河道の復旧を要請している。このときどのような改修工事が行われたか明らかではないが、平安時代に編まれ

木曾三川と輪中地帯(右側から揖斐川、長良川、木曾川)。中央は宝暦治水で築かれた油島締切堤(岐阜県海津市)

た『日本三代実録《にほんさんだいじつろく》』には、八六六年(貞観《じょうがん》八)に尾張国が再度行った改修工事に際して、美濃国の郡司《ぐんじ》らが武力による妨害を行い、死傷者も出たこと(広野河《ひろのかわ》事件)が記録されている。

戦国期以前の木曾川は、岐阜県内を流れる現在の堺川《さかいがわ》が本流であり、墨俣《すのまた》で長良川と合流していた。しかし、氾濫で流路が移動したことにより、天正《てんしょう》年間(一五七三〜九二年)に、葉栗郡、中島郡、海西《かいさい》郡の一部が美濃国に編入され、一五九三年(文禄《ぶんろく》二)には、豊臣秀吉により、尾張側の築堤《ちくてい》工事が行われている。

また、徳川家康は、一六〇七年(慶長《けいちょう》十二)に、九男の義直《よしなお》を尾張藩主とするが、その翌年には、犬山《いぬやま》から河口部まで、のちに「御囲堤《おかこいつつみ》」と称される大堤防の築造に着手している。この堤防は延長四八キロにも及び、治水とともに、豊臣方への防衛線であったと評価されるが、洪水により六キロも尾張側に移

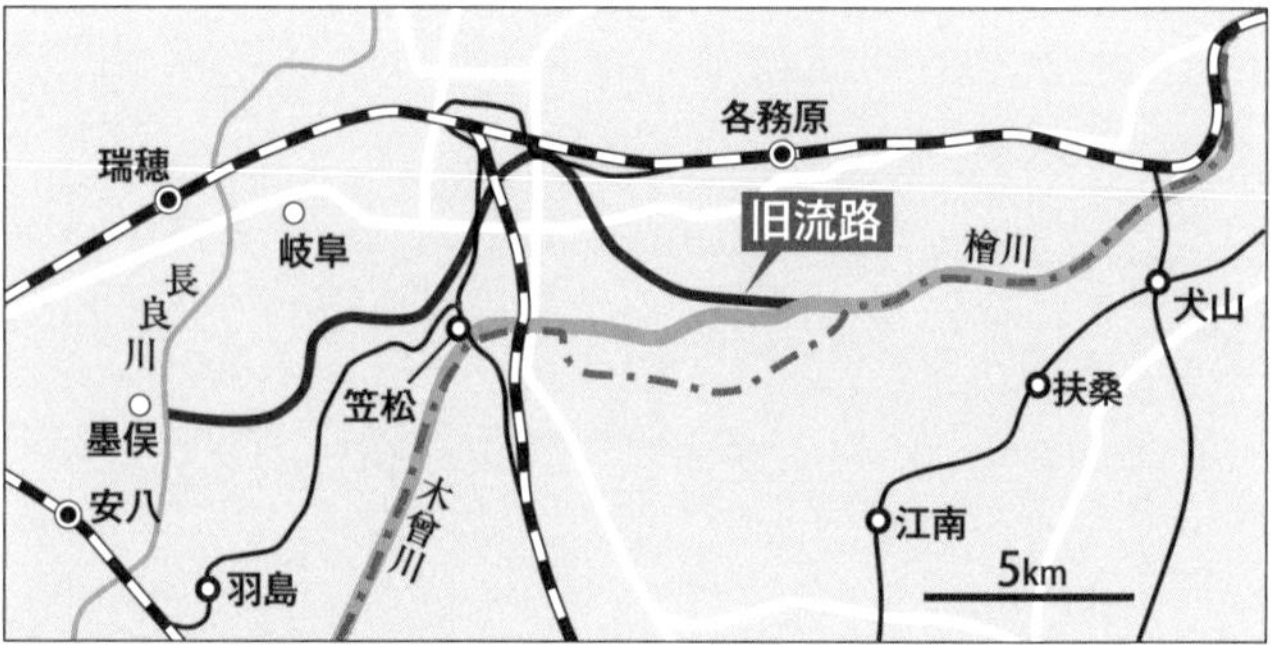

木曾川の新・旧流路(国土地理院地図をベースに作成)

動した河道は、大坂《おおざか》の豊臣氏に匹敵する脅威であったことは想像に難しくない。

木曾川の治水は、近世を通して幕府の課題となっており、なかでも、一七五三年(宝暦《ほうれき》三)に薩摩《さつま》藩に命じた長良川と揖斐川の分流工事は「宝暦治水」として知られているが、根本的な洪水対策とはならなかった。明治時代に入り、内務省がオランダから「お雇い外国人」として招いたヨハネス＝デ＝レーケの指導により、一八八八年(明治二十)に着手し、一九一二年に完成した三川分流工事により、ようやく洪水被害は大幅に減少することとなった。

こういった中央主導の大規模な治水工事に対し、地元の藩や住民により築かれ、維持されたのが「輪中《わじゅう》」であった。輪中は、居住地や耕地を堤防で囲む集落構造であると同時に、神社の「氏子《うじこ》中」のように、洪水被害を防ぐための共同体を示す用語でもあった。その成立時期は、諸説あるものの、江戸時代に各地で行われた新田開発の一環として造成されたものが多いとされる。岐阜県側に所在するものが多いが、県内でも立田《たつた》輪中などが知られている。

木曾川下流部の開発は、宝暦治水や三川分流のような国レベルの治水工事を地域主体の輪中が補完するという関係で進められてきた。近年、本流堤防の強靭化にともない、輪中堤防が失われていくなかで、下流域の各自治体の洪水ハザードマップは、防災意識を共有する地域社会としての輪中が現在でも不可欠の存在であることを示している。

矢作川――江戸時代の高台移転

西三河を貫く矢作川《やはぎ》は、上流部が風化しやすい花崗岩《かこうがん》地帯であるため、土砂の堆積が早く、平野部では「天井川《てんじょう》」になりやすい一方、舟運も盛んで、流域には多くの「川湊《かわみなと》」が所在した。

中流域にあたる現在の豊田市街地周辺は、古くは「ころも」と称され、室町時代には、幕府の奉公《ほうこう》衆《しゅう》であった中条《ちゅうじょう》氏が、右岸の段丘《だんきゅう》上に衣《ころも》(金谷《かなや》)城を構え、地域支配の拠点としていたが、城跡の発掘調査では、縄文《じょうもん》土器も出土しており、安定した立地であったことがうかがわれる。近世に入り、一六〇四年(慶長九)に武蔵《むさし》国瓶尻《みかじり》(現埼玉県熊谷市)から三宅《みやけ》氏が衣藩一万石として入部すると、金谷城を廃し、現在の元城町《もとしろちょう》付近に新たに「衣陣屋」を構えた。この地は、矢作川の舟運と名古屋、足助《あすけ》、新城《しんしろ》、知立《ちりゅう》方面に向かう街道の交差する交通の要衝で、陣屋周辺には「衣七町」と称される町並みも形成されたが、下流側に「鵜《う》の首」と称される狭窄《きょうさく》部があることから、洪水に襲われることも多い場所であった。

三宅氏のあと、幕府領、本多《ほんだ》氏領の時代を経て、一七四九年(寛延《かんえん》二)に上野《うえの》国安中《あんなか》から入部した内《ない》

矢作川の氾濫により築城途中で放棄された挙母（桜）城の石垣（豊田市教育委員会提供）

藤《とう》氏は二万石を領し「城持《しろもち》大名」の格式であったため、陣屋の地で新たに挙母《ころも》（桜《さくら》）城の築城を図る。しかし、藩政の混乱に加え、毎年のように発生する洪水により工事が難航し、ついには計画地での築城を断念し、樹木台《じゅもくだい》と称され洪水時の待避場所となっていた段丘上に、新たに挙母（七州《しちしゅう》）城を築くに至る。内藤氏は、城とともに城下町の移転をも図るが、樹木台は水害の心配はないものの、在来の町が川湊から五〇〇メートル程の平坦な道で往来できたものが、距離で三倍、比高差も二〇メートルを超える立地となったことから、町人のなかには物流の便に恵まれた従来の地に留まる者も多かった。

七州城への移転により、城下町は川沿いの「下挙母」と高台の「上挙母」に分断されることとなる。しかし、新たに誕生した上挙母の住民も、従来通り、子守《こもり》大明神（挙母神社）の氏子《うじこ》として、祭礼に参加し、山車《だし》の運行も、在来の各町内から神社に総揃いしたあと、坂道を上り城郭内に入り、町内毎に子供歌舞伎《かぶき》を披露するなど、近世を通じて城下町としての一体性は保たれていた。

築城途中で放棄された桜城の跡地は、現在では国道の交差する豊田市の中心市街地となり、また高台の七州城跡地は、博物館、美術館などが立地する公共用地として活用されている。安全性と利便性の相克のなかで行われた城郭の移転と、分断された城下町の住民が一体となって参加した祭礼行事の存在は、防災対策としての高台移転と地域共同体の維持という今日的な課題についての先例と言うこともできる。

豊川——連続堤と霞堤

奥三河を水源とする豊川《とよがわ》は、東三河平野に入ると大きく蛇行《だこう》し、河口に近い下流部では頻繁《ひんぱん》に洪水を繰り返した。この被害を最小限に抑えるために工夫されたのが「霞堤《かすみてい》」という不連続堤であった。

霞堤は、堤防の一部にあえて開口部を設け、増水時には内側に水を流入させるとともに、減水時には、すみやかに排出できるような仕組みとなっている。川沿いの耕作地に水を滞留させることにより、下流部の水量を抑えるとともに、本堤自体の決壊を防ぐ役割を果たしたとされている。また、洪水で運ばれる土砂は、上流部の樹林帯で形成された肥沃な土壌であり、一時的な滞水により、耕作地に補給されるという効果も期待されることから、同様の構造を有する堤防が各地に築造されている。

豊川の霞堤は、土木技術が未熟であった時代において、耕地を犠牲にして、下流側に位置する吉田《よしだ》城と城下町、東海道の吉田大橋を洪水から護る仕組みとされ、明治維新後は政府の方針で連続堤化が

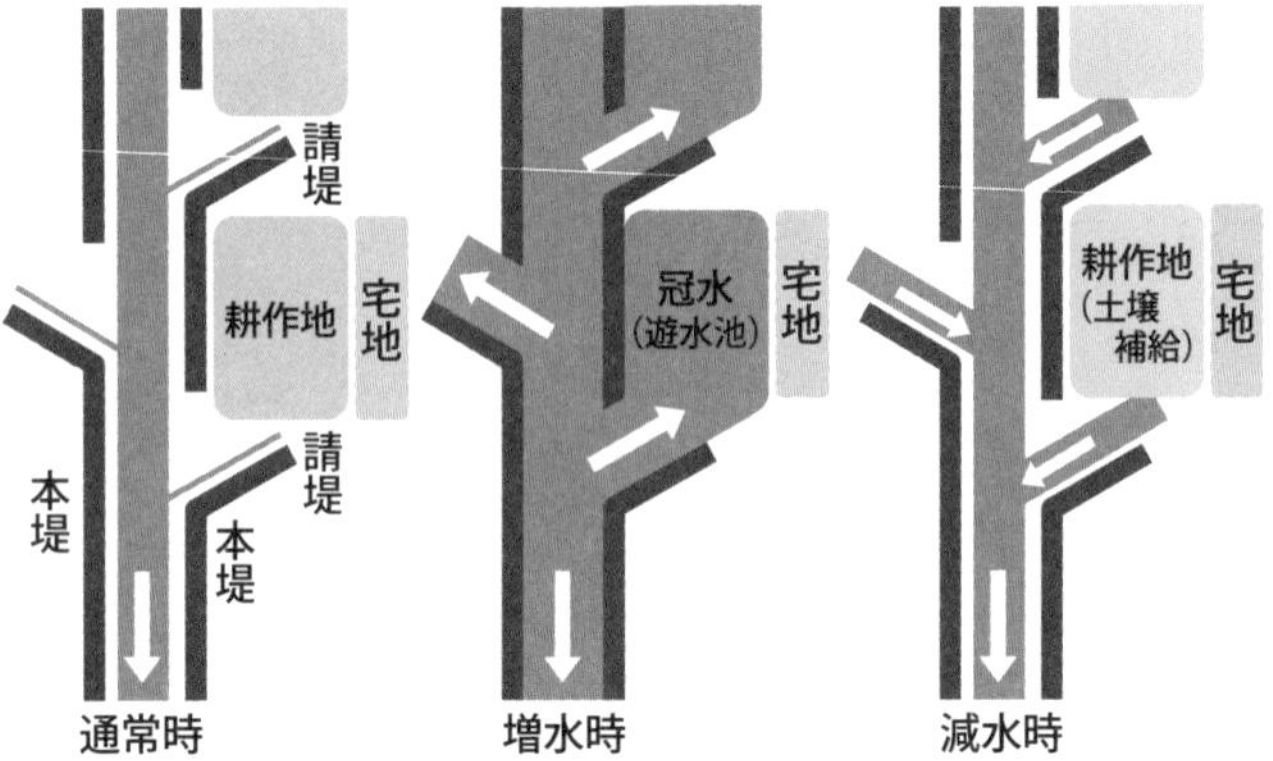

霞堤の構造（筆者作成）

図られたこともあった。しかし、内務省土木局が一九二五年（大正十四）に編纂した『治水及填築《ちすいおよびてんちく》（明治以後）』では、「明治十四五年（一八八一・八二）ノ頃、其利害ヲ顧ミズ目前ノ小利《しょうり》ニ走リテ此習慣ヲ破リ、堤防ヲ連続セシメタリ。爾《じ》来《らい》頻年《ひんねん》水災多ク、破堤ノ害、又水開地ニ溢《あふ》ルヽノ比ニアラズ」として、連続堤化により逆に本堤が決壊するような水害が多発したことを伝えている。

　豊川下流域には、右岸側に五カ所、左岸側に四カ所の霞堤が存在していたが、一九六五年（昭和四十）に豊川放水路が完成したことから、右岸側は連続堤となり、市街地化も進んでいる。記録的な降雨量となった二〇二三年（令和五）六月の増水時には、左岸側では、四カ所の霞堤のすべてが、開口部から浸水し、耕作地が水没したが、右岸側でも、放水路の両側で「内水氾濫」が発生し、連続堤であったことから排水が滞り、市街地とともに国道などの幹線道路が長時間にわたり冠水《かんすい》し、大混乱をきたした。

　氷河時代が終わり、縄文前期の海進を経たあと、現在に

2023年６月の豪雨時に内水氾濫で冠水した豊川放水路の周辺。右端は豊川(毎日新聞社提供)

至るまで、河川と人の生活の場との相対的な関係は、大きく異なるものではない。行政主導の治水工事と地域主体の防災体制、公共施設の高台移転と地域のまとまりの維持、洪水時には遊水地としての活用も可能な耕地のあり方など、河川氾濫と対峙してきた先人の知恵には、今なお参考とすべき点も多い。

（梅本）

船頭平閘門《せんどうひらこうもん》

錯綜する流路は舟運の航路でもあった

↓P21

木曾三川が乱流する下流部は、洪水の多発地帯であると同時に、河川舟運の格好の航路でもあった。三川分流工事は、この航路を遮断《しゃだん》することとなるため、長良川《ながらがわ》と木曾川の間に船頭平閘門が設けられた。閘門は、水位差のある川や運河の水位を調整するための施設であり、この整備により木曾川上流からの木材を、伊勢湾を経由せず、海運の要衝であった桑名《くわな》港へ搬入することができた。

管理所には木曾三川の治水関連資料を収集、公開する木曾川文庫があり、隣接する船頭平河川公園内には、改修工事で交換された旧門扉が展示されている。

愛西市提供

DATA
重文 愛西市立田町

四谷《よつや》の千枚田《せんまいだ》

災害を転じて美田となす

↓P24

一九〇四年(明治三十七)七月に紀伊《きい》半島に上陸した台風により、県内は広く暴風雨に襲われ、豊川の水源地帯にある鞍《くら》掛山《かけやま》(設楽町)の山腹では大規模な土石流が発生した。被災後、土石流により生じた広大な斜面には、比高差二〇〇メートルにも達する大規模な棚田《たなだ》が造成され、現在では地域を代表する見事な景観となっている。

山間地で水田を営むことができる緩斜面は、このような大規模な土石流に由来するものも多い。十分な機械力のない時代においては、災害自体が耕地拡大に一定の役割を果たしていたということも否定できない。

小山舜二氏提供

DATA
新城市四谷(農水省「日本の棚田百選」)

大地震紀念碑《おおじしんきねんひ》

→P21

一八九一年（明治二十四）十月の濃尾《のうび》地震により、県内では大きな被害を生じたが、この惨事の記憶を留め、慰霊するための碑が清須市をはじめ尾張《おわり》西部の各所に建立された。

DATA 清須市清洲（清洲古城跡公園内）

新川洗堰《しんかわあらいぜき》

→P18

庄内《しょうない》川の氾濫を防ぐため、一七八四年（天明《てんめい》四）に新川の開削にあわせて設けられた堰《せき》で、右岸堤防を巾《はば》四〇間《けん》にわたり切下げ、増水時には新川を経由して伊勢湾に排水できる構造となっている。

DATA 名古屋市西区山田町

木曾川堤《きそがわづつみ》（サクラ）

→P21

木曾川の御囲堤《おかこいつつみ》上の延長九キロに及ぶ桜並木で、一八八四年（明治十七）の豪雨により崩れた堤防の改修に際し、当時の愛知県知事の呼びかけで、地元有志が苗木を植樹したことに始まる。

DATA 国名 国天 一宮市・江南市（堤防敷）

くつ塚《づか》

→P18

一九五九年（昭和三十四）の伊勢湾台風で多くの犠牲者を出した名古屋市南区では、被災者の遺品や靴が集められ「くつ塚」として供養されたが、のちに伊勢湾台風殉難者慰霊之碑が建立された。

DATA 名古屋市南区浜田町（浜田南公園内）

入鹿池《いるかいけ》

→P20

一六三三年（寛永《かんえい》十）に五条川を水源とする灌漑用ため池としてつくられたが、一八六八年（明治元）には堤防の決壊により、のちに「入鹿切《いるかぎ》れ」と称される洪水が発生し、九四一人もの死者を出した。

DATA 犬山市池野（農水省「ため池百選」）

三郡輪中治水碑《さんぐんわじゅうちすいひ》

→P22

一八八二年（明治十五）の豪雨では矢作《やはぎ》川《がわ》支流の乙川《おとがわ》が決壊し、額田《ぬかた》、碧海《へきかい》、幡《は》豆《ず》の三郡に大被害が生じたことから、現地に慰霊碑とともに、洪水やその復旧を記録するための碑が建立された。

DATA 岡崎市久後崎町字堤下

新美南吉と半田・安城

「ごん狐」で知られる児童文学作家

新美南吉《にいみなんきち》（本名・正八《しょうはち》）は、一九一三年（大正二）、知多《ちた》郡半田《はんだ》町岩滑《やなべ》（現半田市）の畳屋の家の子として生まれた。半田は、一八八六年（明治十九）に名古屋―武豊《たけとよ》間を結ぶ鉄道（武豊線）が開通して以降、知多半島の中心として栄えていた。後年の南吉作品「おぢいさんのランプ」には、「日露戦争のじぶん（時分）」の様子として、汽車で半田にやってきた海水浴客を、西岸の大野《おおの》や新舞子《しんまいこ》に送るため、岩滑で客待ちをする人力車があったことや、大野の町のにぎわいが描かれている。

半田中学校（現・県立半田高等学校）に進学後、南吉は精力的に童謡や童話の創作を行うようになる。当時の日記には「今から何百何千年後でも、若《も》し余の作品が、認《ママ》められるなら、余は、其處《そこ》に再び生きる事が出来る」とあり、早熟な文学少年であった。卒業後の一九三二年（昭和七）に、鈴木三重吉が主宰していた児童文学雑誌『赤い鳥』に掲載された作品が、「ごん狐《ぎつね》」であった。

東京外国語学校（現・東京外国語大学）を卒業後、南吉は一九三八年に、安城《あんじょう》高等女学校（現・県立安城高等学校）に教諭として赴任する。安城とその周辺は、明治用水の開通以降に開発が進み、大正期には「日本デンマーク」と呼ばれる農業先進地帯となっていた。昭和初期には農村恐慌を乗りきった事例として、全国から視察者が訪れた。梨畑などの田園が広がる一方で、映画館やビリヤード場もある都会的なこの町で、南吉は教育と創作に情熱を注いだ。日中戦争の影響で、交通事情が悪化したこともあり、半田から一時間半かかる通勤をやめ、安城で下宿しはじめたことも、南吉の創作活動にゆとりをもたらした。その作品には、ふるさと半田と「理想郷《アルカディア》」安城の風景が溶け合うように描かれてゆく。

現在も愛される南吉文学

しかし、学校現場もしだいに戦時色が濃くなっていた。一九三九年(昭和十四)、南吉が生徒とつくりはじめた詩集は、物資統制のなかで発行中断を余儀なくされた。南吉は、最終集の冒頭に「詩が続かなくて止めるのではない。紙が足りないから止めるのです。だから紙が再び豊富になる時が来たら、そしてその時みんなの心に詩心がなほあるならば我々は再びこの細いいとなみの糸を操りたいものです。早くその日が来るといい。祖国のために。詩のために。」と無念の思いを残している。

安城高等女学校教員時代の南吉(下の画像ともに、新美南吉記念館提供)

　一九四三年、結核《けっかく》のため南吉は二九歳の若さでこの世を去った。その後、戦局はさらに悪化し、安城高等女学校の生徒も軍需工場へ動員されるなど、南吉が嫌悪した戦争に巻き込まれていくことになる。

　戦後、安城高等女学校や半田高等学校の同窓会などによる顕彰活動がはじまり、一九九四年(平成六)には岩滑に新美南吉記念館が建てられた。また、一九八〇年からは小学四年生の国語教科書すべてに「ごんぎつね」が掲載されるなど、南吉文学は現在も親しまれている。　（山田）

新美南吉の生家。南吉が住んだ当時の様子を復元している

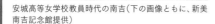

県内のおもな祭礼・行事一覧

月	開催日	名称	指定	場所	補足
1月	3日	西尾のてんてこ祭	◆	西尾市	
	3日など	三河の田楽	●■	新城市 設楽町	鳳来寺（1月3日）、黒沢（休止中）、田峯（2月第2土曜日）※黒沢、田峯は国選択となる
	下旬頃	設楽のしかうち行事	■◆	東栄町 新城市	月地区（旧正月元旦に近い日曜）、布川地区（旧正月2日に近い日曜）、小林地区（旧正月5日に近い日曜）、古戸（旧暦2月初午に近い日曜）、能登瀬（4月中・下旬の日曜）
		菟足神社の田祭り	◆	豊川市	旧暦の1月7日に開催
		滝山寺鬼祭り	◆	岡崎市	旧暦1月7日前後の土曜に開催
2月	上旬	国府宮の儺追祭	◆	稲沢市	旧暦正月13・14日
	10日、11日	豊橋神明社の鬼祭	●■	豊橋市	
	11日など	尾張西部のオコワ祭	■	津島市	下之森（2月11日）、勝幡（3月第2日曜）
	第2土曜	鳥羽の火祭り	●	西尾市	
3月		棒の手	◆	江南市 名古屋市 春日井市 豊田市 長久手市 尾張旭市 西尾市 安城市	桜井町（9月中旬・11月3日）、旭町（10月5日）、足助（10月第1土、日曜）、桜・松平・挙母・猿投（10月中旬）、尾張旭市・守山（10月第2日曜）、小木田（10月第2日曜など）、藤岡（同前）、安良（同前）、田貫（10月第3日曜）、長久手（不定期）
4月	7、8日に近い土日	牛久保の若葉祭	◆	豊川市	
	19日及び以降の日曜	石刀祭	◆	一宮市	
	第1土曜と翌日	犬山祭の車山行事	●	犬山市	
	第2日曜	板山獅子舞	◆	半田市	
	第3日曜	千万町の神楽	◆	岡崎市	
	中旬	大獅子小獅子の舞	◆	半田市	
5月	2日、3日	知立の山車文楽とからくり	●■	知立市	
	3、4日	亀崎潮干祭の山車行事	●	半田市	
	8日など	尾張・三河の花のとう	■	名古屋市 岡崎市 津島市など	おもに5月8日頃及び旧暦2月初午などに開催
6月	下旬から7月上旬	尾張の虫送り行事（矢田）	◆	常滑市	「うんか送り」と「虫送り」が別々に行われる
7月	初旬から10月下旬	須成祭の車楽船行事と神葭流し	●■	蟹江町	「宵祭」8月第1土曜、「朝祭」翌日曜、「神葭流し」翌月曜に開催
	10日に近い土曜	祖父江の虫送り	■◆	稲沢市	
	20日前後の金土日	進雄神社の奉納綱火	◆	豊川市	
	第4土曜	尾張津島天王祭の車楽舟行事	●■	津島市 愛西市	
	最終土日	万燈祭	◆	刈谷市	

月	日	名称	指定	場所	備考
7月	7月から8月	尾張西部の子供ザイレン	■	愛西市 稲沢市 津島市など	
	下旬頃	坪崎の火鑽神事	■◆	豊田市	旧暦6月14日に近い土曜に開催
8月	10日、15日	綾渡の夜念仏と盆踊	●■	豊田市	
	14・15日	田峯念仏踊	◆	設楽町	
	14・15日	南設楽のほうか	■◆	新城市	大海のほうかは国選択となる
	15日	信玄原の火おんどり	◆	新城市	
	15日	乗本万灯	◆	新城市	
9月	第1土曜	水法の芝馬祭	■	一宮市	旧暦8月1日に開催
	23日など	知多の虫送り行事	◆	知多市 常滑市 東浦町 阿久比町	阿久比谷（9月23日）、大野谷（12月15日～1月16日、秋の彼岸の入り）、東浦五ヶ村（秋の彼岸）
10月	第1日曜	朝倉の梯子獅子	◆	知多市	
	第1日曜	銭太鼓	◆	豊田市	駒場神社で開催
	第2日曜	岩作のオマント（警固祭り）	■◆	長久手市	
	第2日曜	大脇の梯子獅子	◆	豊明市	
	第2日曜	藤江のだんつく獅子舞	◆	東浦町	
	中旬	えんちょこ獅子	◆	高浜市	
	15日に近い日曜	長湫の警固祭り	◆	長久手市	
	第3日曜	今市場の獅子芝居	◆	江南市	
11月	第2土曜	参候祭	■◆	設楽町	旧暦11月初申の日未明に開催
	下旬頃	小畑のおためし	■	新城市	
	11月～3月	花祭	●■	東栄町 設楽町 豊根町	小林の花祭（11月第2土曜）、御園の花祭（11月第2土曜・日曜）、東薗目の花祭（11月第3日曜）、月の花祭（11月22、23日）、足込の花祭（11第4土曜・日曜）、河内の花祭（11月最終土曜・日曜）、中設楽の花祭（12月第1土曜・日曜）、中在家の花祭（12月第2日曜）、古戸の花祭（1月2・3日）、津具の花祭（1月2日、3日）、上黒川の花祭（1月3・4日）、下粟代の花祭（1月成人の日前の土・日）、布川の花祭（休止中）
—	—	三河万歳	●	安城市 西尾市 幸田町	随時
—	—	尾張万歳	●	知多市	随時
—	—	ばしょう踊	◆	一宮市	不定期開催
—	—	くつわ踊	◆	津島市	不定期開催

※●国指定重要無形民俗文化財 ◆県指定無形民俗文化財

■記録作成等の措置を講ずべき無形の民俗文化財（国選択）

※文化財ナビ愛知（2024年3月31日現在）、文化庁ホームページ「国指定文化財等データベース」などを参考に作成。諸事情により実施されていないものも含みます。

	宝飯（ほ）	宝飯	宝飯	宝飯（ほい）	豊橋市、豊川市、蒲郡市
	設楽（したら）	設楽	設楽	北設楽	豊田市、設楽町、東栄町、豊根村
				南設楽	新城市
	八名（やな）	八名	八名	八名	豊橋市、豊川市、新城市
	渥美（あつみ）	渥美	渥美	渥美	豊橋市、田原市

※近代の郡制は1890年（明治23）発布の郡制にもとづく。
※現代の市町村名はおもなものを示す。
※『愛知県史』（愛知県）、『日本史必携』（吉川弘文館）、『新版　日本史辞典』（KADOKAWA）などを参考に作成。

愛知県の成立過程

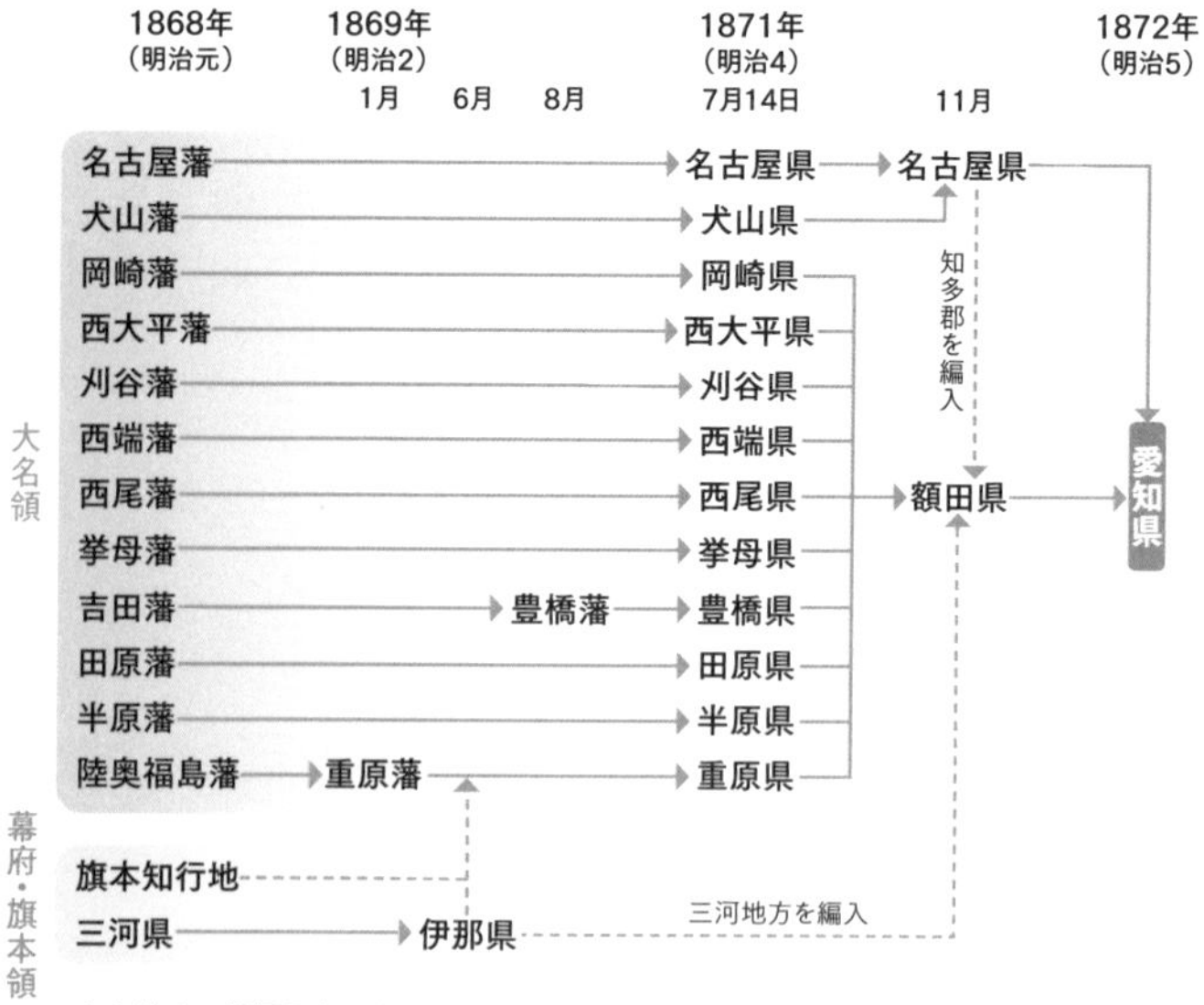

※点線は一部編入を示す。
※月日は旧暦のもの。
※『愛知県史』（愛知県）、『愛知県の歴史』（山川出版社）などを参考に作成。

国・郡の変遷

<table>
<tr><th>時期
国名</th><th>古代</th><th>中世</th><th>近世</th><th>近代</th><th>現代</th></tr>
<tr><td rowspan="10">尾張</td><td rowspan="2">海部
（あま）</td><td rowspan="2">海東
海西</td><td>海東</td><td rowspan="2">海部</td><td rowspan="2">名古屋市、津島市、
愛西市、弥富市、
あま市、清須市、
大治町、蟹江町、
飛鳥村</td></tr>
<tr><td>海西</td></tr>
<tr><td>中島
（なかしま）</td><td>中島</td><td>中島</td><td>中島
（なかじま）</td><td>稲沢市、一宮市</td></tr>
<tr><td>葉栗
（はくり）</td><td>葉栗</td><td>葉栗
（はぐり）</td><td>葉栗</td><td>一宮市、江南市</td></tr>
<tr><td>丹羽
（には）</td><td>丹羽
（にわ）</td><td>丹羽</td><td>丹羽</td><td>犬山市、江南市、
岩倉市、大口町、
扶桑町</td></tr>
<tr><td rowspan="2">春部
（かすかへ）</td><td>春日部</td><td rowspan="2">春日井</td><td>西春日井</td><td>名古屋市、清須市、
北名古屋市、豊山町</td></tr>
<tr><td rowspan="2">山田</td><td>東春日井</td><td>名古屋市、瀬戸市、
春日井市、小牧市、
尾張旭市</td></tr>
<tr><td>山田
（やまた）</td><td rowspan="2">愛知</td><td>愛知</td><td>名古屋市、豊明市、
日進市、長久手市、
東郷町</td></tr>
<tr><td>愛智
（あいち）</td><td>愛智</td><td>名古屋区</td><td>名古屋市</td></tr>
<tr><td>智多
（ちた）</td><td>智多</td><td>知多</td><td>知多</td><td>半田市、常滑市、
東海市、大府市、
知多市、阿久比町、
東浦町、南知多町、
美浜町、武豊町</td></tr>
<tr><td rowspan="5">三河</td><td>碧海
（あをみ）</td><td>碧海</td><td>碧海</td><td>碧海
（へきかい）</td><td>碧南市、刈谷市、
安城市、知立市、
高浜市</td></tr>
<tr><td rowspan="2">賀茂
（かも）</td><td rowspan="2">賀茂</td><td rowspan="2">加茂</td><td>西加茂</td><td>豊田市、みよし市</td></tr>
<tr><td>東加茂</td><td>豊田市</td></tr>
<tr><td>額田
（ぬかた）</td><td>額田</td><td>額田</td><td>額田</td><td>岡崎市、幸田町</td></tr>
<tr><td>幡豆
（はつ）</td><td>幡豆</td><td>幡豆</td><td>幡豆
（はず）</td><td>西尾市</td></tr>
</table>

主要参考文献 ※五十音順

愛知県教育委員会編『愛知県の近代化遺産―愛知県近代化遺産（建造物等）総合調査報告書』愛知県教育委員会、二〇〇五

愛知県教育委員会編『愛知県の民俗芸能　愛知県民俗芸能緊急調査報告書』愛知県教育委員会、二〇一四年

愛知県教育委員会編『あいちの祭り行事　あいちの祭り行事調査事業報告書』愛知県教育委員会、二〇〇一年

愛知県公文書館「令和四年度企画展『県政一五〇周年記念　愛知県のはじまりと県庁のあゆみ』」『愛知県公文書館だより』第二十七号、二〇二三

愛知県史編さん委員会『愛知県史』全58巻（通史編10巻、資料編36巻、別編12巻）、愛知県、一九九四〜二〇二〇

愛知県総務部消防防災課『愛知県災害誌』愛知県、一九七〇

愛知県陶磁資料館編『窯変の美―鎌倉・室町の名陶』（展示図録）愛知県陶磁資料館、二〇〇八

愛知県陶磁美術館編『知られざる古代の名陶　猿投窯』（展示図録）愛知県陶磁美術館、二〇一八

有松しぼり編集委員会『有松しぼり』有松絞技術保存振興会、一九七二

安城市教育委員会・土生田純之編『三河国、ここにはじまる！』雄山閣、二〇一七

安城市史編集委員会編『新編安城市史3　通史編近代』安城市、二〇〇八

伊藤厚史『学芸員と歩く―愛知・名古屋の戦争遺跡』名古屋市教育委員会・六一書房、二〇一六

伊良湖誌編集委員会編『伊良湖誌』伊良湖自治会、二〇〇六

岩原剛『東三河の古墳―1、600基の古墳はどうして築かれたのか』（愛知大学綜合郷土研究所ブックレット31）シンプリ、二〇二二

太田牛一著／奥野高広・岩沢愿彦校注『信長公記』角川文庫、一九六九

笠井雅直『国産航空機の歴史―零戦・隼からYS―一一まで』吉川弘文館、二〇二二

笠井雅直・古池嘉和監修『愛知オトナのマナビ旅―糸と木と土、そして発酵の物語』（パンフレット）愛知県観光コンベンション局

観光振興課
加藤理文『織田信長の城』講談社現代新書、二〇一六
加藤安信編著『遺跡からのメッセージ―発掘調査が語る愛知の歴史』中日新聞社、二〇〇〇
木曽川学研究協議会編『木曽川学研究』創刊号、木曽川学研究協議会、二〇〇四
清洲町史編さん委員会編『清洲町史』清洲町、一九六九
幸田町教育委員会編『瑞雲山本光寺松平忠雄墓所発掘調査報告遺物編』『瑞雲山本光寺松平忠雄墓所発掘調査報告』(幸田町社寺文化財調査報告1・2)幸田町教育委員会、二〇一三
国立歴史民俗博物館監修『よみがえれ！シーボルトの日本博物館』青幻舎、二〇一六
参謀本部「「ソ軍」国境築城情報記録」(昭和十五年)、防衛省防衛研究所所蔵
新修名古屋市史編集委員会編『新修名古屋市史』(本文編10巻、資料編11巻)、名古屋市、一九九七～二〇一四
新編岡崎市史編集委員会編『新編岡崎市史　第3巻(近世)』新編岡崎市史編さん委員会、一九九二
杉山清一郎「盛田善平　もう高い米なんて食わんでいいぞ」中部産業遺産研究会2019年度第15回パネル展実行委員会編『ものづくり中部の革新者たち』(図録)中部産業遺産研究会、二〇二〇
瀬戸市歴史民俗資料館編『明治時代の瀬戸窯業―時代を彩ったやきもの』瀬戸市歴史民俗資料館、一九九三
千田嘉博『信長の城』岩波新書、二〇一三
高浜市やきものの里かわら美術館『三州瓦と高浜いま・むかし(新装版)』(リーフレット)、高浜市やきものの里かわら美術館、二〇一三
高木博志「明治維新と古代文化の復興」『人文』第四十七号、二〇〇〇
谷悦子『新美南吉の詩と童話　哀のある愛の世界』和泉書院、二〇一三
谷口吉郎『博物館明治村』淡交社、一九七六
地方史研究協議会編『日本産業史大系5　中部地方篇』東京大学出版会、一九六〇
中部産業遺産研究会編『ものづくり再発見―中部の産業遺産探訪』アグネ技術センター、二〇〇〇
豊田市「豊田市足助伝統的建造物群保存地区保存計画」豊田市、二〇二二
豊田市郷土資料館『豊田市の城下町展』(展示図録)豊田市教育委員会、二〇〇一
豊橋市二川宿本陣資料館編『二川宿本陣資料館　常設展示案内』

（展示図録）、豊橋市二川宿本陣資料館、二〇〇六
内務省土木局『治水及填築（明治以後）』内務省土木局、一九二五
中西薫編「特集　六古窯（中世）」『紫明』第四十五号、二〇一九
名古屋教育史編集委員会編『名古屋教育史Ⅰ　近代教育の成立と展開』名古屋市教育委員会、二〇一三
名古屋市教育委員会「名古屋市有松伝統的建造物群保存地区保存計画」名古屋市教育委員会、二〇一七
名古屋城調査研究センター『名古屋城』（図説日本の城と城下町4）、創元社、二〇二二
名古屋陸軍造兵廠史編集委員編『名古屋陸軍造兵廠史・陸軍航空工廠史』名古屋陸軍造兵廠記念碑建立委員会、一九八六
楢崎彰一編著『世界陶磁全集三　日本中世』小学館、一九七七
新美南吉記念館『生誕百年　新美南吉』（展示図録）新美南吉記念館、二〇一三
仁木宏・松尾信裕編『信長の城下町』高志書院、二〇〇八
日本中世土器研究会編『新版 概説 中世の土器・陶磁器』真陽社、二〇二二
日本福祉大学知多半島総合研究所／博物館「酢の里」共編著『酢・酒と日本の食文化』（中埜家文書にみる酢造りの歴史と文化1）、中央公論社、一九九八
同『酢造りの始まりと中埜酢店』（中埜家文書にみる酢造りの歴史と文化2）、中央公論社、一九九八
同『道具と技術』（中埜家文書にみる酢造りの歴史と文化3）、中央公論社、一九九八
同『海と川—船がつなぐ世界』（中埜家文書にみる酢造りの歴史と文化4）、中央公論社、一九八八
同『酒と酢—都市から農村まで』（中埜家文書にみる酢造りの歴史と文化5）、中央公論社、一九八八
博物館明治村編『博物館明治村ガイドブック』名鉄インプレス、二〇二二
早川久右衛門『カクキュー八丁味噌の今昔—味一筋に十九代』、中部経済新聞社、二〇二一
林英夫編『図説愛知県の歴史』（図説日本の歴史23）、河出書房新社、一九八七
原田幹『東西弥生文化の結節点　朝日遺跡』（シリーズ「遺跡を学ぶ」088）新泉社、二〇一三
半田市誌編さん委員会『新修半田市誌　本文篇上巻』半田市、一九八九
日下英之監修『街道今昔美濃路をゆく』風媒社、二〇一八
廣江安彦編『知多半島なんでも辞典』新葉館出版、二〇〇八
藤井康隆『濃尾の古墳時代』東京堂出版、二〇二二
藤田佳久『霞堤の研究』あるむ、二〇二二

堀江登志実「三河地方の川船と産業」(『知多半島の歴史と現在』22号、日本福祉大学知多半島総合研究所、二〇一八)
堀江登志美編集『街道今昔三河の街道をゆく』風媒社、二〇二二
三浦正幸監修『近世城郭の最高峰　名古屋城』名古屋城検定実行委員会、二〇一九
三鬼清一郎ほか編『愛知県の歴史』山川出版社、二〇一五
南和男解題『慶長見聞録案紙』(内閣文庫所蔵史籍叢刊65)、汲古書院、一九八六
森浩一・門脇禎二編『第7回春日井シンポジウム　継体王朝　日本古代史の謎に挑む』大巧社、一九九九
『愛知県庁本庁舎』(パンフレット)愛知県
『時を旅する　愛知県の街道』(パンフレット)愛知県観光コンベンション局観光振興課、二〇二一
『名古屋城本丸御殿ガイドブック』(パンフレット)名古屋城本丸御殿ＰＲイベント実行委員会、二〇一八

執筆者紹介

※五十音順

伊藤厚史 いとう・あつし
一九六一年生まれ。名古屋市見晴台考古資料館学芸員
⬇P38〜39、126〜159

梅本博志 うめもと・ひろし
編者
一九五四年生まれ。元愛知県埋蔵文化財調査センター所長
⬇P10〜15、32〜33、88〜99、124〜125、170〜179

小川裕紀 おがわ・ひろき
一九七三年生まれ。愛知県陶磁美術館主任学芸員
⬇P30〜31、78〜87

鬼頭秀明　きとう・ひであき
一九五六年生まれ。民俗芸能研究家。三重県文化財保護審議会委員
➡P40～41、160～169

小坂延仁　こさか・のぶひと
一九八〇年生まれ。愛知県埋蔵文化財調査センター主査
➡P26～29、44～77

佐藤公保　さとう・きみやす
一九五八年生まれ。元愛知県埋蔵文化財調査センター調査研究課長
➡P34～37、100～111

山田仁美　やまだ・ひとみ
一九七八年生まれ。愛知県立一宮高等学校教諭
➡P112～123、180～181

＊編者・著者プロフィールは、P190-191 に掲載。

企画委員：山下信一郎・浅野啓介

編集協力：かみゆ歴史編集部（滝沢弘康、丹羽篤志）
図版作成：グラフ
地図作成：ミヤイン
組版：キャップス
装丁・本文デザイン：黒岩二三［fomalhaut］

日本史《にほんし》のなかの愛知県《あいちけん》

2024年5月20日　第1版第1刷印刷
2024年5月31日　第1版第1刷発行

編　者　梅本博志《うめもとひろし》
発行者　野澤武史
発行所　株式会社山川出版社
東京都千代田区内神田1-13-13　〒101-0047
電　話　03 (3293) 8131（営業）
03 (3293) 1802（編集）
印　刷　半七写真印刷工業株式会社
製　本　株式会社ブロケード

https://www.yamakawa.co.jp/

ISBN 978-4-634-24904-2